假新聞下的媒體認知理論與新聞媒體識讀研究

黃兆璽 著

假新聞掩蓋真相製造紛爭　喪鐘將為誰而鳴

　　《戰地鐘聲》（*For Whom the Bell Tolls*，直譯：喪鐘為誰而鳴）是20世紀普立茲獎、諾貝爾文學獎得主、美國知名作家海明威（Ernest Hemingway）的長篇小說巔峰之作。曾經身為記者的海明威擁有敏銳的觀察力、追求新聞的真相，更善於把戰場經驗透過新聞的寫作方式應用在小說撰寫上，他曾為了要親自了解第一次世界大戰的真實樣貌，義無反顧加入美軍進入戰爭現場找尋真相。倘若他身處21世紀的新媒體、社群網路年代，他絕對無法相信當今世界上充斥著成千上萬的戰地新聞報導，其中多數人無須進入戰場，只需要在鍵盤前，就可以惡意地杜撰錯誤與不實的新聞。

　　「喪鐘為誰而鳴」這句話是出自於英國詩人多恩（John Donne）：「不要問喪鐘為誰而鳴，它是為你而鳴。」（And, therefore, never send to know for whom the bell tolls; it tolls for thee.）海明威在1940年撰述西班牙戰役故事後，引用這句話成為《戰地鐘聲》的書名。這句話歷經半世紀後依舊發人深省，說明這個世界是社群的，沒有人可以獨立生活，倘若社會不追求真理、公義，其所帶來的傷害都將與世

界上每一個人息息相關，猶如多恩所說，當教堂為彌留的人敲起喪禮之鐘，當我們都聽見遠方傳來聲音時，或許不用再問這是為誰而敲的喪鐘，喪鐘不也是為我們而敲嗎？

當今社會多數人談起假新聞，彷彿都談笑風生、事不關己時，甚至還嘲弄被傷害的個人，但終究假新聞的事件會波及到我們身上，對我們或是國家產生直接或是間接的傷害，讓人猶如聽見自己的喪鐘般恐懼。2019年秋天，東海大學校長張國恩仍擔任國立臺灣師範大學資訊教育研究所講座教授時，就已憂心假新聞、虛假消息帶來的政治亂象，而萬萬沒想到，後來假新聞也會對Covid-19新冠肺炎產生衝擊，甚至2022年2月引爆的烏克蘭、俄羅斯的戰爭，也會捲進假新聞風暴。

2020年，張國恩校長大量閱讀國內外文獻後，發現國內教育部和許多大學雖推動媒體素養教育，但對媒體素養的相關探討仍相當缺乏，尤其缺少科學性的研究，即推薦W. JAMES POTTER的著作*MEDIA LITERACY*給本人閱讀，並建議朝這方面進行研究，也開啟本人的新聞媒體識讀研究之路，爾後更開發出第一份中文「新聞媒體識讀量表」，張國恩校長不僅開啟本人研究的一條道路，更為台灣推動新聞識讀研究指引方向。

海明威曾身為美國《星報》（*Kansas City Star*）的記者，作者本人亦曾在聯合報系的《星報》擔任過記者，之後並進入聯合報編輯部擔任記者，身為權威媒體的記者，我們儘管天天與時間賽跑，充滿追求獨家的新聞壓力，甚至還得

重視新聞性是否具有點閱的價值，但對新聞最重要的追求精準、正確始終不敢鬆懈，即使在截稿前一刻，仍不斷確認消息的真實性，還有重視極為重要的平衡報導。美國憲法第一修正案清楚保障了言論與新聞的自由，新聞媒體因而可以獲得保障以追求事實的真相，美國《紐約時報》華盛頓分社社長比爾・科瓦奇（Bill Kovach）在他的著作*The Elements of Journalism*中便指出，美國的憲法保障新聞自由的前提，是認為人們會自己分辨真煆，而新聞媒體記者存在的目的就是要追求事實的真相，並將訊息提供給社會大眾知道。

然而，記者雖然身為第一線的新聞採訪工作者，但事實上卻可能被利用，成為錯誤訊息的傳播者，或是政治宣傳目的的散布者。許多新聞媒體工作者透過消息來源得知訊息，或是透過網路得到小道消息，若沒有思辨的能力，只想衝獨家新聞，就會跟一般人一樣會被欺騙、被耍，若沒有追求新聞真相的態度、無法了解消息背後的動機，亦無掌握正確報導的能力，便極有可能成為假新聞的製造者。

比爾・科瓦奇同時指出，在這個自媒體時代，許多人認為既然沒有必要繼續控制訊息，所以也就不再需要新聞記者了，但事實上，兩者最大的差異就是在於誰可以得到更加確實和真實的訊息。記者在得知消息後，要花時間確認是否被利用？消息是否存在真實性？消息來源是否具有可靠性？種種的確認還需要經過編輯部（守門人）的把關才能公布，與當今許多新社群媒體的做法迴然不同。

「第四權已死」是當今許多媒體人的感嘆，沒有人相信

媒體是中立的，沒人相信媒體有能力報導真實無誤的新聞，更不會相信新聞的產出背後沒有藏著大量的權力與利益，確實是如此，當更多的社群媒體產出的新聞不需要經過求證，甚至可以大言不慚地說「這就是真實的新聞」時，閱聽大眾只能透過自我的思考來辨別新聞，但如何思考、批判成為研究者必須關注的問題。

　　本書針對假新聞、新聞媒體識讀進行深入的探討，並嘗試更加了解各國媒體識讀教育與政策推動。「新聞媒體識讀」重點在了解為何要參與並使用新聞媒體，幫助閱聽大眾理解新聞內容，以及正在如何受到新聞的影響。本書為了評估閱聽者對新聞的思考、評估、對媒體的認識，以及接收新聞時的處理方式以提升媒體識讀能力，定義了「個人思考習慣」、「個人處理新聞模式」、「媒體知識結構」與「新聞情境閱讀」四個新聞識讀的面向，更在學者Potter「媒體識讀認知」理論架構下，編撰「新聞媒體識讀量表」（News Media Literacy Scale），發展出一套適合中文使用者評估新聞識讀能力的量表。本書不僅僅對假新聞、新聞識讀、新聞認知理論有著詳盡的說明，編撰呈現的此量表更可以作為國人新聞媒體識讀能力調查與分析之用，以及作為未來推動媒體識讀教材之藍圖。

目次

第一章
假新聞與新聞識讀基本概念

　　2020-2022年間，Covid-19新冠肺炎疫情衝擊全球，疫情發生初期各種謠言滿天飛，無論是疫情起因、死亡人數，或是疫苗對人體的效用與傷害，天天都出現誇大不實的訊息，紛紛擾擾的現象讓各國以及世界衛生組織不僅要抵禦疫情，還必須建立起澄清平台以打擊假新聞，台灣方面亦跨部會涵蓋「衛生福利部」、「內政部警政署刑事警察局」、「法務部調查局」等單位成立平台進行假新聞的防堵，以避免假新聞如癌細胞一樣持續蔓延而傷害國家、政府、甚至團體與個人。

　　2022年初爆發的烏克蘭與俄羅斯戰爭，更成為一場假訊息、假新聞攻防的戰役。回顧開戰首日，俄國大軍虎視眈眈轟炸基輔影片與新聞瘋傳及被媒體爭相報導，開戰兩日後，即傳出烏克蘭首都即將淪陷、俄軍即將進入基輔市，並準備斬首烏克蘭總統澤倫斯基（Volodymyr Zelensky）的消息，之後媒體也報導澤倫斯基投降或是已逃離基輔的新聞；即使澤倫斯基自拍影片闢謠，甚至呼籲人民保衛國家，都讓人感到半信半疑，真真假假的新聞如雨後春筍般持續上演，國際事實查核聯盟（IFCN）指出假新聞層出不窮，已成為大量

使用的攻擊武器。

假新聞到底是什麼？對我們產生什麼影響？又該如何定義？

第一節　假新聞與媒體識讀探討概述

新聞訊息之超載與混亂已是全球普遍的問題，太多混亂的訊息夾雜不實的新聞與訊息，已經對全球造成影響。探討假新聞前，我們應該思考，世界上仍有那麼多專業的新聞記者正在努力的追求新聞自由與媒體報導的真實性，每年聯合國教科文組織都會在5月3日世界新聞自由日這一天，特別關注世界各地的新聞自由現況，2022年聯合國教科文組織更將重點放在數位媒體時代圍攻下的新聞業，關注新媒體數位化對言論自由、新聞採訪和記者安全的影響。

2016年美國總統大選後，假新聞不僅成為民眾相互調侃的形容詞，也成為貶低一個媒體的專有名詞。就在當大家認為全球假新聞當道之際，根據聯合國教科文組織的數據，從2016年到2021年，全球高達455名記者遇害，全球85%的人口感受到新聞自由在他們身處的國家逐漸消失，所以在探討假新聞之際，更應該重視媒體獨立性、新聞自由、以及記者安全等種種問題，因為這世界上的新聞組織，還是在默默守護新聞自由，堅守媒體第四權。

當今媒體面臨嚴肅的挑戰，即是當人們透過線上的社交媒體和各式網路媒體獲取各式各樣的新聞資訊時，卻讓真正

的媒體新聞業遇到有史以來最大的嘲諷，因為大家只要看到不喜歡的新聞、跟自己利益相左，以及針對自己喜好政黨的批判新聞時，都會直覺認為這就是假新聞，新聞似乎不再是第四權，不再具有公正、不具偏見的立場，新聞在多數人眼中，只是為了吸他們眼球，獲取鈔票的工具，這樣的現象，詆毀了辛苦採訪追求事實真相和爭取公平獨立記者，新聞被汙名化之後，許多政客面對媒體的質疑，甚至可以用「假新聞」這個指控來迴避。

　　誠如聯合國教科文組織審視了全球言論自由趨勢所發出的警告：「新聞媒體的商業模式已經破裂，我們的基本訊息權也因此受到威脅。」數位社交媒體上快速傳播上萬筆的COVID-19相關內容，但其中包含多少不準確、惡意誤導的錯誤新聞。假新聞的激增，突顯了網路時代下長期對抗錯誤訊息的公眾堡壘已被侵蝕，英國「假新聞及批判性閱聽技能教學委員會」，針對英國學童與青少年進行新聞批判性閱聽調查，於2018年發布的報告發現，英國只有2%的兒童和年輕人具備媒體識讀能力，近三分之二的教師認為，假新聞會增加孩子的焦慮程度，損害他們的自尊心並扭曲他們的世界觀，從而損害兒童的幸福感。網路上假新聞的氾濫也使孩子們對新聞的信任度降低。幾乎一半的孩子從網站和社交媒體上獲取新聞，但這些孩子中只有四分之一真正信任網路新聞訊息（The National Literacy Trust, 2018）。高達85%的人民認為不實訊息與假新聞問題相當嚴重，足以對國家安全產生威脅；歐洲民情趨勢調查，整體歐盟民眾，68%的歐盟人

民認為生活中充斥假新聞，對人民的認知已產生影響（TNS Political & Social, 2018）。

　　台灣的青少年媒體素養調查也發現，76%的青少年不會對閱讀的新聞進行求證與批判（金車基金會，2020）。根據台灣親子天下雜誌2020新聞識讀調查，看到有問題的新聞或訊息時，14%的學生說從來沒有懷疑過，25%的學生說懷疑，但是不曾查證；學生查證新聞的主要管道則是上網查證，31%的學生選擇這個管道（陳雅慧，2020）。澳洲針對年輕世代對新聞媒體的運用與影響調查發現「年輕世代對於新聞媒體無信任感」，57%的青少年非常信任家人作為新聞來源，僅19%信任發布新聞的組織。「閱讀新聞產生情緒增多」（因為閱讀新聞產生的情緒）：經常或有時感到害怕（62%），憤怒（60%），悲傷或沮喪（75%）（蔡進雄，2020；駐澳大利亞代表處教育組，2020）。香港青協媒體輔導中心2016年舉辦亞洲香港「青少年網絡素養調查」顯示，香港中學生高達48.1%閱讀新聞時，從未發現自己閱讀或是轉發的訊息是虛假的（青協媒體輔導中心，2016）。

　　當人們普遍擔心社交媒體上的錯誤訊息正在損害社會和民主制度，社交媒體平台已宣布採取行動限制虛假內容的傳播（Allcott, Gentzkow & Yu, 2019）。假新聞在社交媒體的傳播該受到約束了，行政院資安辦公室針對防制假訊息危害，說明其法制作為最高指導原則為降低對言論自由之負面影響從法制面及行政措施加以補強，以遏止「出於惡意、虛偽假造、造成危害」之假訊息，降低其對國家社會、公共利

益所產生負面影響。（行政院資安辦公室，2019）。德國已經制定法律，對於未能刪除「明顯非法」的仇恨言論，將對這些科技社群平台開罰。法國通過的兩項反假新聞法案，針對的是刻意操縱的虛假訊息，特別適用選舉前三個月內，政黨或候選人有權就疑似被刻意操縱的虛假訊息申請禁制令，而法院也必須在48小時內做出裁決。此外，新法也規定社群媒體平台應公開揭露在背後投放廣告推廣政治內容的出資者真實身分，並授權法國高等視聽委員會可將意圖影響選舉的「受外國勢力控制或影響」的電視頻道下架（羅世宏，2019）。

立法院會於2019年三讀通過「傳染病防治法」部分條文修正草案，未來違法散布流行疫情謠言或不實訊息，且足以對公眾或他人產生損害，罰金上限將從現行新台幣50萬元調高至300萬元。《廣播電視法》修法也要求廣播電視新聞業者必須建立「自律規範機制」，如果未經「事實查核」就散布不實訊息，最高也可罰200萬罰鍰（行政院，2018）。對抗假新聞迫在眉梢，新聞媒體識讀是有意識地處理資訊，新聞識讀能力評估的介入通常是成功的，可以對媒體知識、批判思考、感知、現實主義、影響力、行為、態度、自我效能和行為產生積極正面的影響（Jeong & Cho, 2012）。在充斥著訊息和頻繁更新的數位媒體環境中，瀏覽新聞需要我們每個人都掌握關鍵的識字技能。這些技能使我們能夠將訊息置於上下文中，辨別事實與虛構，對偏見和歪曲進行評估，並在我們遇到故意錯誤訊息時加以識別（The National Literacy

Trust, 2018）。

　　除了法律手段，許多國家都已意識到新聞識讀作為公民素養的重要性與緊迫性。聯合國依據永續發展目標中之永續教育目標項目，透過教育提升媒體識讀能力，幫助民眾在假新聞與假消息充斥的環境中，學習提升新聞識讀應有的知識和技能，符合永續教育的意義，提出媒體和資訊識讀五大定律，策略目標是將資訊識讀和媒體識讀定義為21世紀生活和工作所需的知識、技能和態度（UNESCO, 2018）。歐盟執委會經邀集相關利害關係人深度溝通與討論之後，將強化公民媒體素養列為遏制假訊息的重點工作項目，除了持續與強化已經進行的各種研究與行動之外，並積極展開新的計畫，包括鼓勵事實查核與公民社會組織提供學校教材、舉辦媒體素養週、定期發表媒體素養報告等（陳靖詒，2019; Mackintosh, 2019）。

　　全球透過資訊傳播傳遞大量的假新聞已嚴重影響人民的生活，唯有通過訓練和培養可以讓人產生批判性的思維，這樣的識讀能力可以抵抗片面宣傳和陰謀論（UNSCO, 2021）。為學生開設新聞識讀的相關課程，提高對媒體與新聞的理解能力以保護自己，是非常重要的，媒體識讀應該是我們各級教育系統的重要課程。媒體識讀教育培養批判性思考能力，能夠評估媒體訊息，並自行決定其生活中媒體傳播的真實性、虛假性或偏見（Dell, 2019）。英國2017年對全英中小學生的《假新聞和批判性素養》報告，得以正面積極推動教師教學技能改善，以及對假新聞在課堂上的影響的想

法（National Literacy Trust, 2018）。奧地利家庭和青年部所提出的媒體和訊息識讀政策提出，媒體識讀被定義為使用媒體、理解和批判性評估媒體和媒體內容的不同方面，以及在多種環境中進行自我交流的能力。媒體識讀是指所有媒體，包括電視和電影、廣播和不同錄音中的音樂、報紙和雜誌、書籍、網際網路和其他新的數位通訊技術。媒體識讀是一項關鍵能力，有助於做出更好的決策，在不同媒體之間做出更明智的選擇，批判性地評估內容和訊息，以及在不同的媒體中進行交流。媒體素養需要以不受限制的風險能力方式利用網際網路的潛力（European Commission, 2013）。

第二節　假新聞與新聞媒體識讀探討之目的

　　台北市是亞洲數位網路與傳統媒體發展極為先進的城市，擁有自由的新聞環境，24小時的電視新聞媒體多達十個電視台以上，過去二十年，國內媒體教育工作者和教育部一直致力推動新聞識讀，台北市成為最早推動媒體識讀的國際城市之一。在新聞資訊仍不斷增加的情況下，台灣的中學生每天扣除上學時間，上網超過3小時以上的比率高達35%。根據2020牛津大學路透新聞研究所報告研究，台灣人對新聞的信任度持續下滑，僅有24%的信任度，主要原因與台灣人經常透過主流媒體和社交媒體接觸到錯誤的訊息有關（Newman & Nic., 2020）。

　　金車文教基金會2020年調查發現，青少年獲得資訊的主

要管道，89.6%的青少年知道廣告贊助商或政治立場可能會影響新聞內容，但只有24.1%會主動批判求證，更僅3.8%會使用查證平台確認訊息真假。而在閱讀媒體資訊時，青少年通常會從新聞標題（43.8%）、內容合理性（31.8%）與媒體單位（24.2%）來判斷訊息真實性。雖然調查結果如此，但是青少年在自評媒體識讀能力上給自己較高評分，充分展現識讀及媒體訊息掌握度上的自信（曾清芸，2020）。

根據林宜芷、林子斌、孫宇安（2018）研究發現指出，大眾對於媒體識讀的理解侷限於閱聽人識讀媒體的層次，同時並未將產製相關的知識與技能視為媒體識讀的一部分；發現研究參與者質疑報導的表現源於對媒體的不信任，同時批判性消費能力尚待加強，該研究指出需擴展學生對媒體識讀理解的範疇，並深化運用提升新聞識讀能力，並點出，台灣除了在完整的媒體識讀架構外，仍需要更全方位的新聞教育與閱讀能力課程。

第三節　假新聞與新聞識讀之相關名詞

根據美國媒體識讀中心對新聞識讀的定義，21世紀媒體識讀的核心目的，在於提升媒體識讀技能，例如：學生識別和分析如何使用文字、比喻語言、圖像和特徵來傳達特定的想法、態度或意見。英國媒體識讀專家David Buckingham也認為媒體識讀教育旨在將媒體視為一個新的教育領域，面對現代媒體時除了傳統學校教育強調的文字素養之外，與聯合

國對素養的定義相同，還要注重「媒體」運用技能與反思能力的提升，意即「為了使用與詮釋媒體所需要的知識、技術與能力」。教育部針對新聞識讀（Media Literacy）「科技資訊與媒體素養」列為核心素養之一，中文採用的是「媒體素養」作為名詞，主要是培養學生以至國人能夠瞭解運用媒體與資訊工具之創造性潛能、正向使用方法並且具備媒體識讀能力。

本書「Media Literacy」採用「媒體識讀」之翻譯，主要是將焦點放在識別新聞媒體傳播的假新聞判讀上，基於批判思考為首，應用在識別假新聞的研究上，以提升識別假新聞的能力（Potter, 2018）。新聞媒體識讀研究超過半世紀，已經梳理出一套完整的思維模式與學術架構，隨著媒體技術的演進，2000年後更多對新聞識讀的研究集中在數位媒體的認識與運用，但在聯合國教科文組織大力以永續發展目標SDG4永續面向的教育品質提升，媒體識讀儼然是全球應該作為面對大量新聞資訊下的判斷與技能。

自我評量題目

1. 什麼是新聞？
2. 什麼是訊息超載？請分析當代的媒體環境與生態。
3. 行政院資安辦公室針對防制假訊息危害為何？
4. 描述你（妳）對假新聞的認知與看法？
5. 英國媒體識讀專家David Buckingham認為媒體識讀教育旨在注重「媒體」運用技能與反思能力的觀點，與聯合國對素養的定義是否相同？
6. 請概述你（妳）所認為的新聞識讀（Media Literacy），你（妳）認為媒體識讀教育可以改變假新聞的現象嗎？

第二章
假新聞定義與各國面對假新聞之相關政策

　　充滿政治目的與意識形態的假新聞充斥全球，聯合國人權理事會敦促各國應對仇恨言論採取處置措施。

　　以新聞自由和言論自由為組織使命核心的聯合國教科文組織，兩年前與弗里德里希・瑙曼自由基金會（The Friedrich Naumann Foundation for Freedom）在世界新聞自由日這一天（2020年5月3日），正式宣布合作反擊虛假訊息和錯誤訊息，並發表一份《新聞學、假新聞和虛假訊息：新聞教育和訓練手冊》，這本手冊對世界影響重大，針對「虛假訊息」、「錯誤訊息」、「惡意訊息」進行清楚的定義，說明：

- 「虛假訊息」（Disinformation）：為傷害個人、社會團體、組織或國家為目的，故意製造的虛假訊息；
- 「錯誤訊息」（Misinformation）：是虛假的訊息，但並非以造成傷害為目的而製造的；
- 「惡意訊息」（Mal-information）：基於現實的訊息，刻意對個人、社會團體、組織或國家造成傷害。

　　過去兩年，即使聯合國教科文組織和許多國家致力打擊假新聞，包括聯合國教科文組織本身（UNESCO）、

國際事實查核聯盟（International Fact-Checking Network，IFCN）、美國新聞和資訊可信度監測公司NewsGuard、烏克蘭政府成立的事實查核機器人、台灣的事實查核中心、以及Google、BBC、NBC、CNN、德國之聲等媒體皆相繼組成把關與查核假新聞的系統。但為何謊言卻沒有因此消失，大量的新聞卻掩蓋真正的真相？假新聞就像 Covid-19 Omicron 病毒一樣可以不斷變種傳播，讓人不斷感染。

而粗製濫造不實訊息的「內容農場」（Content Farm），正透過大量產出訊息獲取利潤，製造話題帶動風向；此外，有心人士、政治團體透過社群媒體創造議題引導民意，也模糊了真相；還有惡意製造謠言、編撰假新聞以獲取利益的社群團體不斷出現。上述種種因素，都導致假新聞層出不窮，謠言、假消息漫天散布，即使有了事實查核系統與法律的介入，都無法得到解決。

「軍隊正在濫殺無辜百姓，甚至是嬰兒。」烏俄戰爭下，類似這樣手法越來越惡劣的假新聞層出不窮，造假、挪用、偽裝、誤導、陰謀、設定新議題、虛假主張、顛倒是非、潑糞已成為假新聞的慣用手法。台灣事實查核中心也指出，有關烏俄戰爭假訊息，社群媒體甚至用攻擊、抹黑手法攻擊主流媒體，讓人民也相信主流媒體也是假新聞的亂源，因此，政府往往比起人民更畏懼假新聞，因為假新聞不僅以假亂真，經過深度偽造的假新聞，更可以大放厥詞，全面左右、影響人民的觀感，以及政府政策的判斷。所以早在爆發烏克蘭、俄羅斯戰爭前的6年，烏克蘭已在2016年成立資訊

戰略相關部門以打擊假新聞的攻擊，烏俄戰爭爆發後，俄羅斯總統普丁（Vladimir Putin）也簽署新的媒體法，訂定最高可處15年的刑罰以遏止假新聞的的散布。

對於媒體亂象，聯合國人權理事會在2022年4月1日出手，公布「假新聞」決議案，全面敦促世界各國應對仇恨言論採取處置措施。聯合國教科文組織在2022年5月發表一篇由Alexandre Larcan撰寫的文章，全面推動國際記者聯合會（IFJ）和無國界記者（RSF）建立夥伴關係，支持採訪戰爭的各國記者和烏克蘭在高度危險的條件下獲得生命保障和採訪的權力，提供實際支持與協助，無非就是要追求新聞自由，讓真正的記者可以在戰爭現場報導並挖掘真相。

第一節　假新聞定義

新冠肺炎疫情的蔓延，為世界帶來一場虛假訊息的浪潮，虛假訊息的大量傳播被視為訊息疫情，讓各國在新冠病毒疫情的對抗上產生了負面影響，不僅加劇了公共健康的風險，並助長了社會政治兩極化，以及仇恨和分裂（UNESCO, 2020）。全球新冠肺炎疫情於2020年爆發初期，因為大量假訊息及不實的新聞報導，更對防疫造成相當大的衝擊，因錯誤或惡意散布有關新冠病毒的不實訊息，稱之為訊息傳染病（WHO, 2020）。《紐約時報》在2016美國總總統大選後，點出社群網路媒體散播假新聞的恐懼籠罩全美，頭條新聞警告：「偽造的假新聞就是數位病毒」，美國

總統大選因為假新聞問題演變為人民對媒體的恐懼；專家學者清楚定義假新聞就是數位病毒（紐約時報，2016）。聯合國教科文組織對假新聞提出觀點，指出假新聞在網路上和社交媒體上進行虛假、錯誤的敘述，並充滿偏見與無知，破壞民眾對科學的信任，助長了仇恨言論。

　　新聞並不真實且具有立場。湯馬斯・杰佛遜（Thomas Jefferson）擔任美國總統時說：「從不看報紙的人比閱讀報紙的人更有見識。」杰佛遜認為報紙上印的任何東西都不可信。他的立場是一無所知的人比滿腦子都是謊言和錯誤的人更接近真理（Jensen, 1997; Potter, 2019）。什麼是假新聞和替代事實（alternative facts，另稱「另類事實」）？兩者定義上的差異很重要，表明不同人使用假新聞和替代事實的方式略有不同。無論使用何種類型的虛假訊息，假新聞和替代事實都會危害社會，媒體識讀培育的技能是阻止其傳播的唯一途徑（Dell, 2019）。假新聞過去被定義為一種不專業或不真實的新聞故事，這些假新聞故事的特點是不真實，而不是出版商或讀者對故事的看法。專家學者認為政治與媒體息息相關，政治人物透過媒體發布訊息，新聞背後往往隱藏著政治意圖，所以許多領導人早就意識到他們需要透過媒體控制真相（Luhtala & Whiting, 2018）。

　　19世紀，威廉・赫斯特（William Randolph Hearst）和約瑟夫・普立茲（Joseph "Joe" Pulitzer）躋身媒體大亨行列，隨著兩人為了吸引讀者，引起發行量之戰，導致報紙出現越來越引人注目、越來越聳人聽聞的標題，黃色新聞

（yellow journalism）更讓社會出現煽動輿論的現象了，赫斯特創辦的《紐約日報》（*New York Journal*）對西班牙對美國軍艦沉沒的指控進行了無根據的不實報導，掀起美國第一場媒體戰爭（Luhtala, Whiting, 2018）。錯誤訊息和造成大眾誤解的假新聞歷史在美國已有長久的歷史，但近年來由於社交媒體大量出現錯誤訊息更引起了廣泛的恐慌。許多人認為，虛假故事在2016年美國大選以及隨之而來的持續政治分歧和危機中發揮了重要作用，虛假故事等同假新聞。英國數位文化媒體暨體育部於2019年提出「假訊息和假新聞最終調查報告」，所謂假訊息是指「故意創造或分享虛假或操弄性資訊，乃至於欺騙且誤導閱聽眾，不管其目的是為了造成個人傷害、國家政治意圖或經濟利益等」。而相較於假訊息，錯誤訊息的定義則是「無意中散布的虛假訊息；假新聞一詞在現代社會使用脈絡下，已延伸包含多義，其往往已與新聞的『真假』無關，而更涉及閱聽眾的喜好，包含著閱聽眾不喜歡或不同意的言詞」（NCC, 2018）。

聯合國人權事務高級專員辦公室（OHCHR）認為所謂的假新聞，是指「具惡意、刻意捏造成新聞形式傳播，並企圖透過高流量點閱，以獲取某種政治、商業利益的消息」（AIT, 2018）。台灣行政院對假新聞提出「惡、假、害」定義，亦即「出於惡意、虛偽假造、造成危害」（行政院，2018）。虛假新聞破壞了媒體的正當報導，使記者更難以報導重大新聞報導（Merlo & Negocio, 2017）。假新聞的出現與臉書的迅速傳播有相當大的關係，為了流量、為了取得廣

告收入，訊息內容常出現兩極分化的現象（Woolf & Nicky, 2016）。新聞消息超載與混亂已成為全球普遍的問題，新聞媒體傳遞訊息最常出現的狀況就是失真、刻意扭曲，以議題的形式吸引民眾注意並影響認知，大量議題和資訊中隱藏許多不實訊息和假新聞讓人難以分辨是非（Blair，2011）。為了引起了人們的特別關注，在網路平台上捏造和傳播的故事，以欺騙公眾獲取意識形態和／或經濟利益，稱之為假新聞（Allcott & Gentzkow, 2017; Pennycook、Cannon、Rand, 2017）。學界對錯誤訊息問題的規模如何更廣泛地演變的證據仍然有限，最近的一項研究認為，即使在Facebook改變了平台的新聞提要算法之後，虛假故事仍然是Facebook上的一個問題，許多被主要事實核查組織評為虛假的文章並未在Facebook系統中被標記（Pennycook & Rand, 2017）。

「假新聞」定義為在形式上，而非在組織過程中意圖上模仿新聞媒體內容的捏造消息，反之「假新聞」缺乏新聞媒體的編輯規範和流程，假新聞因此無法確保消息的準確性和可信度。假新聞也與錯誤消息和虛假訊息具有重疊的意思（Lazer et al., 2018）。假新聞包括純屬虛構的訊息、只提供片面事實的訊息、品質低劣的真新聞、具有政治意圖的操控式新聞、假扮成新聞，但有廣告和行銷動機的報導。假新聞提供容易吸引讀者注意的標題，提供部分或完全假造的內容，誤導讀者，以獲得商業利益或政治目的（楊惟任，2019; Hunt, 2016）。民主政治的過程是依賴可靠的訊息與新聞的流通，新聞若不值得信任，公民幾乎沒有可靠的依據可

以做決定。美國前總統巴拉克・歐巴馬（Barack Obama）將假新聞描述為對民主的威脅（Buckingham, 2019）。何謂假新聞，傳播學者胡元輝指出，假新聞非常普遍，且觸及率甚至高於真實新聞，傳播更廣、更快，不論是有心操作，或是無意傳播的新聞，目前仍難充分斷定，其中最複雜的就是虛實混雜的新聞，可能有部分事實，但一部分可疑，而事實查核的重點就是「有多少證據，說多少話」。假新聞最初是指在社交媒體中捏造故事編撰成新聞形式，但現在對議題有偏見、觀點有限、誇大其詞，或將事實與虛構結合的訊息也稱為假新聞。假新聞一詞出現這麼多定義，正說明大眾接受的議題新聞，很有可能不單純正向，假新聞正透過傳統與社群媒體衝擊人們的生活（Middaugh, 2018）。

表1：假新聞的定義

學者	說明
Allcott, Gentzkow, & Chuan Yu (2018)	指出錯誤訊息和虛假的故事就是假新聞。
American Institute in Taiwan (2018)	假新聞是指「刻意捏造，並具有惡意的新聞，企圖透過高流量點閱，獲取某種政治、商業利益的消息」。
NCC（2018）	假新聞一詞在現代社會下，已延伸包含多義，其往往已與新聞的「真假」無關，是涉及閱聽眾的喜好，包含大眾不喜歡或不同意的言詞。
UNESCO (2018)	虛假訊息和錯誤訊息都不算是符合專業標準和道德的新聞。
Marin Dell (2018)	危害社會的新聞都是假新聞。
Michelle Luhtala, Jacquelyn Whiting (2018)	報紙為了越來越引人注目，使用越來越聳人聽聞的標題及透過未經證實的指控，進行了無根據的報導（虛假新聞）。

Merlo, Millonario (2017)	虛假新聞破壞了主流媒體的正常報導，使記者更難報導重大新聞。
Woolf, Nicky (2016)	刻意製造新聞話題與兩極分化現象，以獲取社群媒體提供的費用；假新聞目的是取得廣告收入。

第二節　假新聞帶來的衝擊與嚴重性

　　數位時代使得訊息發布和傳播方式變得更便利，21世紀網路世界最大問題之一就是資訊超載，因為網路新媒體的訊息量以驚人的速度不斷增長：每分鐘在搜索引擎上出現數百萬、千萬次的搜索查詢，超過百萬人收看流行熱門的網路節目，全球上億人發送電子郵件，還有數以萬計的網路交易；然而，網路媒體存在著越來越多令人的擔憂和挑戰，其中最令人擔憂的問題之一就是假新聞。針對各國「遭受外國政府或其代理人假消息攻擊」程度進行調查，台灣受假新聞危害程度是全球第一（瑞典哥登堡大學V-Dem資料庫，2019）。NCC孫雅麗委員表示，台灣自2017年起推動「數位國家創新經濟（DIGI+）計畫」以加速數位轉型工作，但同時也被迫面臨科技所衍生的挑戰及網路威脅，尤其以「假訊息」及「公私網路訊息的駭客攻擊」問題最為嚴重。為了避免不實訊息與刻意製造的假新聞對疫情防治造成更大的危機，世界衛生組織邀請兒童基金會和聯合國開發計畫署共同建立了一個防治假新聞的平台（World Health Organization, 2020）。

　　2016年美國總統大選期間，出現大量的假新聞企圖影響美國總統選舉的結果，根據調查，美國成年人只要是接觸過

這些訊息或是議題新聞的人，都會影響他們的認知，相信新聞內容是真的（Guess et al., 2018）。在2016大選之前接觸過虛假故事的人都認為這類訊息具有真實性（Allcott, Gentzkow, 2017; Guess, 2018; Michelle Luhtala, Jacquelyn Whiting, 2018）。史丹佛大學針對全美3,446名高中生在數位環境下的媒體識讀評量結果顯示，高達三分之二的學生缺乏辨識訊息的基本技能，無法區分新聞報導和廣告的差異（Joel, Mark & Sam, Amie, Jill, Marshall, Anna, 2019）。台灣為一個科技大國，多年來加速數位轉型工作，在2017年也受到「假訊息」及「公私網路訊息的駭客攻擊」（孫雅麗，2020）。

　　新聞消息超載與混亂已成為全球普遍的問題。全球傳統、社群媒體蓬勃發展，大量的議題與資訊中隱藏許多錯誤的訊息和假新聞，而訊息已超載讓人難以分辨是非（Blair, 2011）。假新聞透過議題新聞方式傳遞並影響大眾，在數位網路媒體，傳統新聞媒體的守門人權威身分基本上已經不存在，如果年輕人對大量新聞消息沒有評估可信度的能力，就無法找出新聞的來源和動機（Joel, Mark & Sam, Amie, Jill, Marshall, Anna, 2019）。假新聞被轉發的比率比真實訊息高出七成，傳播速度高出六倍，真正讓假新聞傳播速度更快的是人，因為人趨向分享新奇的訊息，而假新聞比真實訊息更為新奇，容易掀起人的恐懼、厭惡與驚奇的情緒反應（Vosoughi, Roy & Aral, 2018；胡元輝，2019）足以見到假新聞的嚴重性。

　　美國總統大選後，社群網路媒體散播假新聞的恐懼籠

罩全美。歐洲民情趨勢調查（Eurobarometer）於2018年針
對假新聞所作的調查顯示，68%的歐盟民眾時常受到假新
聞影響（37%民眾幾乎每天、31%民眾每週至少一次讀到
假新聞），85%的民眾認為假新聞對國家造成威脅（TNS
Political & Social, 2018；李正通，2020）。2020年全球因為
Covid-19疫情影響，全球多達31個國家，超過5.1億的學生正
面臨學校停課並採取線上學習的措施。透過網路媒體，大量
的新聞議題與不實訊息更不斷產製並無遠弗界地進行傳播。
2020年英國成年人在螢幕和串流媒體上尋求慰藉，他們將三
分之一的時間花在看電視和網路影片上。由於2020年大部分
時間英國各地的人們都處於某種形式的封鎖限制之下，因此
有超過2,000小時的時間花在看電視和網路影片上。每天平
均5小時40分鐘，比2019年多47分鐘，英國串流媒體服務訂
閱量從2019年的2,000萬攀升至3,100萬（Ofcom, 2021）。

第三節　各國政府對假新聞的應變

　　這個年代，要成為一位媒體工作者，甚至成立一家自
己的媒體，不再需要先成為富有的大亨，有了手機或電腦，
網域和網路註冊費，任何人無論他或她的訓練、道德或動
機如何，不用投資100美元都可以成為公民記者（Luhtala &
Whiting, 2018）。現在每個人都可以成為記者，但也由於不
再有新聞守門人的把關，確實無法精準掌握正確的訊息，導
致不確實的新聞滿天飛，你我都可能成為假新聞的製造者和

傳播者。

　　2020-2022年，不實訊息對全球防疫造成相當大的傷害，許多專家形容假新聞的傳播速度猶如「野火」般地迅速燃燒擴散，包括美國、俄羅斯、法國、德國、加拿大、埃及等國都制定嚴格法律來面對假新聞的攻擊；日本、韓國以及台灣，都設有事實查核中心來解決不實言論與報導的查證問題，例如Facebook與台灣事實查核中心合作，在台正式展開第三方事實查證計畫，遏止不實言論在臉書傳播；Facebook在全球已經有53家事實查證合作夥伴，並遍及42種語言。這項計畫旨在與國際事實查核聯盟認證之獨立機關合作，這些查核機構須滿足公正公平無黨派，且資料來源、資金與組織、查證方法皆公開透明，萬一出錯，後續也得要有開放誠實的修正政策（TNL Media Group, 2019）。

　　芬蘭建立事實查核系統，與芬蘭事實查核機構Faktabaari（FactBar）合作，發展數位識讀「工具包」，學校的練習包括檢查YouTube影片和社群媒體的貼文，比較媒體的偏頗，探討假消息散布者是如何捕捉讀者的情緒；更終極的練習，甚至要學生嘗試自己寫個假新聞——從教育源頭做起，結合批判性思考，以及選民的自覺，避免民眾受到假新聞的攻擊。世界衛生組織指出，假新聞和虛假訊息必須在像黎巴嫩這樣的小國中得到迅速監控，以避免謠言的傳播。美國在2016總統大選後，開始進行了一系列的努力，包括18個州的立法計劃解決假新聞的問題（Joel & Sam, 2019）。

　　台灣自由民主化的制度，保障了言論自由與媒體環境

的蓬勃發展，尤其數位科技的發展更讓訊息無遠弗屆地對民主政治產生諸多影響。台灣擁有世界密度相當高的電視新聞媒體，新聞媒體各有立場，但為了確保台灣「自由且公平的選舉」及「資安即國安」為兩大重點方向，政府制定處理假訊息的四項策略：「識假」、「破假」、「抑假」、「懲假」。2020-2021年全球在COVID-19疫情嚴峻的打擊下，更必須關注疫情訊息的攻擊。為了對抗不實訊息與假新聞，行政院公布假新聞定義主要則包括惡意、虛假、具危害性3個元素（行政院，2018）；行政院修正《災害防救法》、《廣播電視法》等7部法規，都納入禁止散播假新聞的規範和罰則，最嚴重的狀況下，亂傳假新聞者可能被罰100萬罰金或無期徒刑。《廣播電視法》修法也要求廣播電視新聞業者必須建立「自律規範機制」，如果未經「事實查核」就散布不實訊息，最高也可罰200萬罰鍰（行政院，2018）。

　　《衛星廣播電視法》中，亦訂有製播新聞及評論應注意事實查證及公平原則的詳盡規範，再加上主要利害關係人及公私合作的參與，全民為打造自由的民主環境一齊努力。透過2017年所建置的國家通訊暨網際安全中心（NCCSC），可即時瞭解業者網路的運作狀況，彙集多元的資安情資來源，而我國《資通安全管理法》自2018年1月1日正式施行，種種作為均顯示政府當局對資安的重視、決心，以及具體有效的作為，強而有力地防護我國通訊傳播基礎建設的安全與可靠。台灣國家通訊傳播委員會（NCC）審理許多重大的媒體股權交易案及換照案，並致力於推廣媒體識讀，督促廣電

業者落實兒少、性別、身障和弱勢等權益保障，使國家人權有長足的進步。NCC持續以創新監理思維因應數位挑戰，加強國際交流合作，建構多元、自由、安全的通傳環境，呼籲廣電媒體於報導或評論相關新聞時，除應落實新聞事實查證工作，提供正確訊息外，相關用語或標題，亦應避免偏見或使用歧視性用語，以保障相關人權。NCC發表文章指出，廣電媒體是民眾認識與瞭解COVID-19疫情的重要管道，切莫加劇社會集體恐慌或複製刻板印象，當報導涉及傳染病病人、施予照顧之醫事人員、接受隔離治療者、居家檢疫者、集中檢疫者及其家屬等時，仍應尊重及保障報導對象之人格權及其他應有權益，如：需顧及受訪者隱私、受訪者得拒絕受訪等。防疫期間廣電媒體報導或相關評論，都須更加審慎，NCC呼籲廣電媒體，製播防疫新聞及評論，除提供即時正確資訊外，亦鼓勵業者可提供民眾有用的防疫生活資訊及對策，以促進民眾身心健康，並提高第一線採訪記者等移動人員之防疫措施，保障新聞從業人員安全，發揮媒體守望社會及服務大眾之功能。

美國在2016總統大選後，開始進行了一系列的努力，計有18個州都計劃立法解決假新聞的問題（Joel & Sam, 2019）。美國訂定《反外國宣傳與造謠法案》（*Countering Foreign Propaganda and Disinformation Act*）在2016年生效，由國務院召集國防部、國際開發署、廣播理事會及情報單位，成立跨部會「全球作戰中心」，培訓各地記者，及協助智庫、民間團體、非政府組織等，對抗來自俄羅斯及中國等

外國政府的政治宣傳。此外，國會擬議《誠實廣告法案》（*Honest Ads Act*），規定電視、電台、紙媒或數位媒體上的政治宣傳廣告，必須標示贊助方。美國國安單位亦會監控、打擊散布謠言之行為，必要時為第三方單位提供金援（孫宇青、劉宜庭，2019）。

2017年6月，德國立法通過《社群網路強制法》（*NetzDG*），並於同年10月生效。根據該法其中一個要點指出，社群媒體平台必須在收到通知（檢舉）後的24小時內下架「明顯違法」的內容，對於非屬明顯違法的內容，除非因查證或用戶申辯需要，或是因為需要移送法定自律組織協助判斷是否屬於違法內容，可有更長時間處理之外，社群媒體平台必須在7天內決定是否下架該內容（羅世宏，2019）。

法國禁止在選舉期間在網路上發布假新聞。法國此次剛剛通過的兩項反假新聞法案，針對的是刻意操縱的虛假訊息，特別適用選舉前三個月內，政黨或候選人有權就疑似被刻意操縱的虛假訊息申請禁制令，而法院也必須在48小時內做出裁決。此外，新法也規定社群媒體平台應公開揭露在背後投放廣告推廣政治內容的出資者真實身分，並授權法國高等視聽委員會（CSA）可將意圖影響選舉的「受外國勢力控制或影響」的電影頻道下架（羅世宏，2018）。

加拿大聯邦政府成立專門小組，由無黨派歸屬的五名官員領銜，協調外交部、情報機構等單位，在確定外國干預加國選舉之情事具一定程度影響後，向總理、有註冊之政黨及大眾發出警告。加拿大通過C-76競選廣告透明法案，要求網

路平台對直接或間接發布之政治和黨派廣告進行登記，違者將面臨罰款或刑罰（孫宇青、劉宜庭，2019）。

俄羅斯在普丁親自宣布下，禁止傳媒發放假新聞及不尊重政府的不實消息，違法媒體可被罰款或監禁。該法將對傳播「明顯不尊重俄國社會、政府、官方、憲法或是政府機構」的公開言論、訊息，進行懲罰。該法列明，傳播「假新聞」的線上新聞媒體和網路用戶，將面臨最多150萬盧布罰款；而涉嫌汙辱國家性象徵（包括總統普丁）的人，將會被處以30萬盧布的罰款，及監禁15日（陳穎詩，2019）。

埃及國會2018年7月通過一項法律，允許政府懲罰發表假新聞的媒體，並封鎖社群軟體的帳號，而違法者會遭起訴。法律明列當局可以「假新聞」為由，在未取得法院令狀的情況下，關閉有5千以上追隨者的社群媒體帳戶，並以「威脅國家安全」為由，封鎖網站內容（陳穎詩，2019）。

韓國面對假新聞在事實查核面臨許多挑戰，JTBC事實查核團隊負責人李嘉赫認為，首先就是如何保持政治中立，其次是對於事實查核是否為有心人利用，要保持高度警覺（劉玟妤，2019），此外，政治人物可能透過散布不實資訊達成政治目的，或是有網紅藉由虛假訊息牟利。事實橫跨的領域很寬廣，但事實查核組織人力有限，卻很難掌握全面資訊，如何在有限人力和時間進行查核、貼近真實，是查核工作目前面對最大的挑戰。

日本BuzzFeed Japan前總編輯古田大輔說，假新聞危害在日本應較輕微，主要是與日本讀者「不愛分享」的習慣有

關。在日本，只有13%日本網友會主動分享新聞，而且僅有8%網友會進行評論。然而，日本讀者對日本媒體信任度逐漸降低，根據調查，只有17%的日本人認為新聞媒體有盡到監督掌權者的責任，反之，則有91%的媒體記者認為自己達到監督掌權者本分。媒體在日本已喪失公信力，甚至成為事實查核的阻力，因為讀者根本不相信媒體報導內容；這正是古田大輔決定創立「media-collab」的主因，希望去對抗假新聞（劉玟妤，2019）。日本非營利調查新聞組織Seeds for News主編立岩陽一郎，同時也是日本第一個關注事實查核的組織FIJ（Factcheck Initiative Japan）及Japan Center for Money and Politics共同創辦人，他以自身在2011年遇到假新聞情形說明，當時大眾對假新聞態度相對輕鬆，更有許多人將假新聞當成笑話，直到近幾年，大眾才逐漸重視問題並且嚴正看待（劉玟妤，2019）。

歐盟執委會經邀集相關利害關係人深度溝通與討論之後，除了持續與強化已經進行的各種研究與行動之外，並積極展開新的計畫，包括鼓勵事實查核與公民社會組織提供學校教材並定期發表媒體素養調查報告（Eliza Mackintosh, 2019；陳靖詒，2019）。

表2：各國假新聞罰責

國家	假新聞相關罰則
台灣	台灣《廣播電視法》等7部法規，納入禁止散播假新聞的規範和罰則，最嚴重的狀況下，亂傳假新聞者可能被罰100萬罰金或無期徒刑。《廣播電視法》修法也要求廣播電視新聞業者必須建立「自律規範機制」，如果未經「事實查核」就散布不實訊息，最高也可罰200萬罰鍰（行政院，2018）。
俄羅斯	禁止傳媒發放假新聞及不尊重政府的不實消息，違法媒體可被罰款或監禁。該法將對傳播「明顯不尊重俄國社會、政府、官方、憲法或是政府機構」的公開言論、訊息，進行懲罰。 該法列明，傳播「假新聞」的線上新聞媒體和網路用戶，將面臨最多150萬盧布罰款；而涉嫌汙辱國家性象徵（包括總統普丁）的人，將會被處以30萬盧布的罰款，及監禁15日（陳穎詩，2019）。
美國	美國《反外國宣傳與造謠法案》（又稱《波特曼－墨菲反宣傳法案》）在2016年生效，由國務院召集國防部、國際開發署、廣播理事會及情報單位，成立跨部會「全球作戰中心」，培訓各地記者，及協助智庫、民間團體、非政府組織等，對抗來自俄羅斯及中國等外國政府的政治宣傳。此外，國會擬議《誠實廣告法案》，規定電視、電台、紙媒或數位媒體上的政治宣傳廣告，必須標示贊助方。美國國安單位亦會監控、打擊散布謠言之行為，必要時為第三方單位提供金援（孫宇青、劉宜庭，2019）。
法國	法國現行的《新聞自由法》頒布於1881年，當中已包括防止仇恨言論和假新聞的相關條文，違反者可處6個月以上、一年以下有期徒刑，或罰款最高4萬5千歐元（約40萬港元）。為了強化相關法例，法國於2018年7月通過新法案，針對選舉前3個月內，政黨或候選人有權就「疑似被刻意操縱」的虛假訊息申請禁制令，禁止錯誤資訊的傳播。根據法案，候選人於選舉期間，有權對有爭議的新聞報導控告媒體，再由法院作出裁決；如被裁定為失實報導，可要求媒體公司刪除相關報導（陳穎詩，2019）。
德國	德國《社交網路強制法》2018年1月生效，用戶人數達兩百萬的社交平台，必須在24小時內刪除「明顯非法」的文章，包括假新聞、涉及恐怖主義、種族歧視的內容，否則將面臨五千萬歐元罰款。英國國會的數位、文化、媒體及體育委員會指出，科技公司必須在處理誤導性資訊上更有作為，且必須負起「明確的法律責任」；同時也設立調查委員會，研究並解決假新聞傳播及衍生之問題。德國社交網路強制法最高可罰五千萬歐元。（孫宇青、劉宜庭，2019）。

國家	假新聞相關罰則
埃及	埃及國會2018年7月通過一項法律，允許政府懲罰發表假新聞的媒體，並封鎖社群軟體的帳號，而違法者會遭起訴。法律明列當局可以「假新聞」為由，在未取得法院令狀（書面文書）的情況下，關閉有5千以上追隨者的社群媒體帳戶，並以「威脅國家安全」為由，封鎖網站內容（陳穎詩，2019）。
加拿大	加拿大聯邦政府將成立專門小組，由無黨派歸屬的五名官員領銜，協調外交部、情報機構等單位，在確定外國干預加國選舉之情事具一定程度影響後，向總理、有註冊之政黨及大眾發出警告。加國去年12月通過C-76競選廣告透明法案，要求網路平台對直接或間接發布之政治和黨派廣告進行登記，違者將面臨罰款或刑罰（孫宇青、劉宜庭，2019）。

第四節　傳播理論議題設定理論

　　基於傳播理論的「媒體議題設定」（agenda setting）功能，傳播學者林東泰表示，傳播媒體的新聞報導與閱聽大眾的認知之間，存在強而肯定的因果關係，新聞媒體報導會對大眾產生影響，促使閱聽大眾隨著新聞媒體所設定的議題來認知外在的社會環境。

　　新聞媒體具有媒介報導的功能與影響性，媒體對特定的事件刻意報導，會導致人們對這些題材與事件的重視程度，也會影響民眾的認知程度（翁秀琪，1995；McCombs & Shaw, 1972; Morgan & Signorielli, 1990）。新聞工作者會受到媒體的影響與約束，以致透過議題設定發布新聞，使得事件無法反應真實性（Potter, 2019）。人們在接收大量媒體資訊時，缺乏評判思考的技能，尤其在選舉、自然災害、恐怖主義行為以及在冠狀病毒大流行期間等關鍵時刻，新聞數

量變多、傳播速度加快，使得對消息來源的查核變得更加複雜。串連全球99家事實查核組織的「新冠事實聯盟」新冠查核報告顯示，各組織查證的不實訊息，近半是關於疫苗（何蕙安，2021）。Graphika、華盛頓大學、史丹佛大學、紐約大學等團隊組成的「病毒專案」發布「疫苗不實訊息與溝通行動計畫」，建議各國公衛機關先發制人，協助民眾對於這些謠言「免疫」（何蕙安，2021）。假新聞傳遞錯誤的政府的因應措施，與病毒一樣具有毒性和危害性，對世界各地的個人以及社區，同樣會造成危害性命的後果；假新聞在網路和社交媒體上進行虛假錯誤的敘述，並充滿偏見與無知，破壞民眾對科學的信任，助長了仇恨言論（UNESCO，2021）。

　　新聞媒體普遍透過議題設定的策略設定發布新聞，持續不斷報導某些重大議題以引發一連串議題討論，當新聞變得更具爭議性與侵略性，就會對受眾達到洗腦的影響效果。議題新聞媒體具教育功能，然而卻可能在傳遞議題資訊時，同時夾帶偏頗的意識形態、單一化的價值觀念與偏離真實的社會再現。事實上，所有的媒體內容都是經過選擇與建構的過程而產生（教育部，2002）。人們普遍擔心社交媒體上的錯誤訊息正在傷害社會和民主制度（Allcott, 2018）。數位匯流的新媒體環境下以改變傳統新聞產製的守門人制度，缺乏事實查核步驟，導致假新聞充斥。數位時代為人類帶來一系列新的挑戰，因為越來越難以獲得可靠的訊息（Patterson, 2013）。假新聞是一種基於目的進行新聞內容撰寫的偽造資

訊，總結歸納出六個不同的特徵，作為分辨假新聞和新聞間的依據，假新聞一詞是為了說明社交媒體中完全捏造、不實的新聞報導，但假新聞的用法現在則還有偏見、觀點有限、誇張或事實與虛構等意思（Wayne & Journell, 2019）。可靠訊息之於公民健康就如同適當的衛生設施和飲用水之於公眾健康一樣，受汙染的訊息供應危及國家的公民健康，我們需要經過嚴格研究、驗證的高品質數位識讀課程，以保證民主的活力（Hobbs, 2010）。假新聞多不勝數，總體而言，不實、錯誤的訊息被刻意以議題方式操作，多到無法阻擋。在美國，紐約大學、微軟調查、史丹佛大學共同調查指出，透過Facebook參與或Twitter分享的所有文章，找出了10,240個虛假故事網址，皆是透過議題設定杜撰的內容（Allcott, Gentzkow & Chuan Yu, 2018）。

全球商業電視台每年產生約4,800萬小時的影片消息，廣播台發送6,550萬小時的原始節目，傳統、社群媒體蓬勃發展，更導致假新聞、假消息充斥。大量的訊息中隱藏許多刻意引導操作的錯誤訊息和假新聞，而讓人們變得難以無法分辨（Blair, 2011），Facebook和Twitter的用戶與虛假內容的互動不斷增加（Hunt Allcott, Matthew Gentzkow, Chuan Yu, 2018），假新聞刻意操作，以非真實的型態挑戰我們對事實的了解，甚至偏離價值的核心（Luthala & Jacquelyn, 2018）。為能傳遞議題，製作新聞的媒體需要訂出明確的目標，思考如何將適當的訊息、觀念散播出去，讓人們了解真相與事實。然而，討論議題經常會觸及道德與態度層面，當

媒體對議題抱有特定立場時，會透過新聞附加進自身的意識形態，來影響民眾（Luhtala & Whiting, 2018）。這使得媒體可以藉由策略設定，透過新聞持續不斷報導某些重大議題，讓議題變得更受關注和討論，甚至也能對聽眾或讀者產生類似「催眠」或是「洗腦」效果（Hameleers, Brosius & de Vreese, 2021）。Bennett與Livingston分析錯誤訊息可以定義為不真實或不準確的訊息；不真實或錯誤訊息的傳播可能是刻意的，已成為當今數位資訊生態面臨的最緊迫問題之一。

德國法蘭克福傳播學派在1980年代把批判理論說成是一種文化與意識形態批判理論，恐怖主義學者聲稱媒體已成為恐怖分子的宣傳工具，並同情地描繪恐怖活動。透過製造議題新聞，被視為一種既告知又掩蓋的社會過程，而不是僅僅提供「客觀」事實的中立過程（Steuter, 2010）。為了避免陷入議題設定的假新聞中，許多國家倡導反思教育，透過議題融入強調問題解決的技能與行動的實踐，可以提升領域知識內容學習的教育價值；議題融入的教學目標可以促進PISA所重視的批判思考及問題解決的學習，也充分回應聯合國17項永續發展目標（SDG）的內涵（張子超，2017），芬蘭也倡導公民應該具批判性思考、對假消息有意識、查核新聞事實（陳崢詒，2019; Eliza Mackintosh, 2019）。在2002年公布了媒體素養教育政策白皮書後，媒體素養便成為台灣政府推動終生學習，以及民眾溝通和改善社會能力的方針（教育部，2002）。如何幫助人民產生思辨能力，學習了解議題新聞、瞭解媒體的資訊運用與製播目的，勢必成為重要

的教育目標之一。

Potter指出新聞報導應該根據準確的事實而不是媒體與記者本身的觀點來構建（Potter, 2019）。重大議題發生的期間，更能看到不客觀的新聞，例如選舉，自然災害，社會運動。大量的新聞議題與不實訊息進而不斷產製，並透過媒體無遠弗界的傳播進而衝擊國際社會。以最近的新冠疫情為例，媒體與疫情相關的錯誤傳播，或惡意製造的虛假訊息，對防疫造成相當大的衝擊，對媒體的依賴反而增加人們產生負面影響的風險（Dezuanni, Notley, Corser, 2020; WHO, 2020）。民眾依賴媒體獲得大量新聞訊息與新知，當大眾以網路媒體作為消息來源時，勢必會面臨被媒體影響，甚至接受到不實訊息的狀況，當資訊不完整或是被刻意化或去脈絡化後，將可能對社會造成傷害，為了解決議題設定下的假新聞所帶來的傷害，推動新聞媒體識讀的意義相當大，將有助於大眾避免假新聞的影響。

新聞具有鏡像效果的特性，意即公眾會對新聞議題的操作做出相關聯的反應，例如，國際新聞調查研究顯示，對某國家的報導內容，會影響民眾的整體看法；正面支持的報導越多，閱聽者就越有可能認為該國家至關重要；負面批評的報導越多，閱聽者就越有可能對該國產生負面看法（Erbring, Goldenberg & Miller, 1980）。因此，雖然媒體傳遞議題訊息的功能相當大，但當大眾以媒體作為獲得議題新知的管道時，就勢必會面臨議題資訊不完整、去脈絡化、甚至帶有假訊息的問題。如果大眾對新聞消息沒有評估可信度

的能力，就無法找出新聞的來源和動機，將遭致吸收錯誤或偏頗的資訊（胡元輝，2020）。

第五節　台灣媒體現況

刻意製造的不實訊息，透過網際網路與社群媒體方便與迅速地傳播，假新聞以非真實的型態挑戰我們對事實的了解，甚至偏離價值的核心（Michelle Luthala & Jacquelyn, 2018），已嚴重影響傳播生態的健全，更動搖了民主政治賴以支撐的第四權機制（國家通訊傳播委員會，2020）。民主國家當前所面臨的另一重大課題是媒體商業模式的崩壞與競爭疆界的改變，已對其產製內容的品質形成高度傷害（國家通訊傳播委員會，2020）。主流媒體與社群媒體充斥大量不實訊息，讓台灣民眾的新聞信任度連年下滑，2020年，平均每十名受訪者中，僅有不到三人表示信任新聞，在40個調查國家中排名倒數第三；台灣的新聞信任度只比法國（23%）、韓國（21%）略高。全球新聞信任度的倒退，很大程度與不實消息氾濫有關，全球有超過一半（56%）的受訪者擔心網路上的假消息（何蕙安，2020）。

2019年台灣新聞媒體可信度研究結果顯示，無論是一般民眾或是媒體工作者，對於台灣新聞媒體的信任度都不高。民眾對電視頻道的好惡，影響一般民眾對該頻道電視新聞可信度的判斷。電視新聞仍是大多數人接收新聞的重要來源，分別有91.7%民眾與94.9%的媒體工作者會收看電視新

聞（風傳媒，2020）。台灣傳播生態原本即有商業媒體惡性競爭的痼疾，又缺乏堅實的公共媒體體制，雖歷經解除戒嚴與媒體開放，而得以擁有高度的傳播自由，但三十多年來，競爭秩序未能有效建立，以致新聞與媒體內容品質屢遭國人詬病（國家通訊傳播委員會，2020）。台灣自1994年開放有線電視以來，在政府的逐步開放下，數量持續增加，根據國家通訊委員會資料顯示，截至2021年第一季我國有線電視訂戶數為4,833,648戶，台灣有線電視系統業者共有64家，其中分屬凱擘、中嘉、台灣寬頻、台固媒體與台灣數位光訊等五大業者。根據NCC 2021年4月的資料，其中境內衛星頻道節目供應事業共有73家、144個頻道，境外衛星頻道節目供應事業，共27家、102個頻道，兼營境內外頻道業者共有6家，他類頻道節目供應事業共39家、56個頻道。

表3：國家通訊傳播委員會廣播電視事業許可家數統計（NCC）

頻道	家數	
無線廣播台	186家	
無線電視台	5家、22頻道	台視、公視、中視、華視、民視5家共22頻道
有線電視系統經營業者	64家	全國數位有線電視股份有限公司。新高雄、新北市有線電視股份公司。數位天空服務及北都數位公司。新彰數位有線電視公司。名城事業公司、祥通事業公司。東台有線播送系統。新北市有線電視公司。
社區共同天線業者	3家	正喜、慶豐、騰輝
境外衛星頻道節目供應事業	27家公司，102個頻道。	
他類頻道節目供應事業	50家75頻道	

資料來源：國家傳播通訊委員會廣播電視事業現況（110年4月）

表4：有線頻道訂閱數（NCC）

事業分類	有線廣播電視事業						
年（季）別	家數		訂戶數		數位機上盒訂戶數		數位付費頻道訂戶數
	有線電視播送系統	有線電視系統	戶數	家戶普及率（％）	戶數	占有線訂戶數比例（％）	
110年第1季	0	64	4,833,648	54.0%	4,833,648	100%	1,626,340

資料來源：NCC

表5：衛星頻道節目供應事業產業概況

年（季）別	境內衛星頻道節目供應事業家數	境外衛星頻道節目供應事業家數	境內衛星頻道總數	境外衛星頻道總數
110年第1季	74	27	147	100

註：衛星頻道節目供應事業兼營境內外業者：年代、亞洲衛星、靖洋、台灣互動、愛爾達，計5家。資料來源：NCC

表6：多媒體內容傳輸平台服務概況

年（季）別	家數	頻道總數	訂戶數（戶）
110年第1季	1	203	2,064,962

資料來源：NCC

　　台灣廣告量金額有限，惡性競爭問題嚴重，2017年台灣全媒體廣告量金額約為新台幣663.4億元，各電視媒體廣告量部分，無線電視2017年廣告量金額約為新台幣30.6億元，較2016年下跌9.23%，衛星電視廣告量金額則約為新台幣183億元。廣告量的衰減，顯示電視媒體獲利模式的結構問題已直接影響到頻道業者的營運，以及上游製作業者的製作費

（台灣經濟研究院，2018）。電視頻道業者在2018年的營收來源仍以廣告收入為主，但已連續三年衰退，自2016年的35.12%減少至2018年的25.29%。相對地，近兩年電視頻道業者的新媒體相關收入的占比有所提升，2018年新媒體相關收入約占15.49%，顯示我國電視頻道業者仍持續開發其他業務尋找新的營收項目。新媒體授權收入比例有增加的情形，2018年約占整體營收的5.39%，顯示隨著國內外新媒體平台對於內容需求持續增加之下，對製作發行業者來說新媒體平台版權銷售收入將持續增加（文化部，2018）。台灣電視產業鏈主要分為開發／製作／後製、頻道經營／發行業者、平台經營，2018年電視產業總產值為1,421.41億元（文化部，2018）。2006年2月22日國家通訊傳播委員會成立後，有關電視新聞、節目及廣告內容之監理業務，已移由該會辦理（文化部，2020）。

自我評量題目

1. 什麼是假新聞？聯合國教科文組織所談的假新聞定義是什麼？
2. 什麼是新聞識讀？請說明新聞識讀的價質與意義？
3. 新聞為何具有鏡像效果的特性？
4. 美國學者Potter為何指出新聞報導應該根據準確的事實，而不是媒體與記者本身的觀點來構建？
5. 美國前總統巴拉克‧歐巴馬將假新聞描述為對民主的威脅是基於什麼論點？
6. 德國立法通過《社群網路強制法》，並於同年7月生效，對遏止網路謠言有何正面影響？

第三章
新聞媒體識讀概念與各國推動現況

　　自COVID-19爆發以來，當人類面對全球大流行病的需要更精準的訊息來解決危機，但往往事與願違，違背事實和錯誤的科學訊息，在經過惡意變造後透過Facebook等社群軟體，包括Instagram、Twitter、TikTok、Google、Telegram，以及許多新聞網站成為有關戰爭消息的主要傳播「虛假訊息」、「錯誤訊息」、「惡意訊息」等假新聞，向全球上億民眾傳播、洗腦的介面與平台，尤其自烏俄戰爭爆發後，鋪天蓋地的俄羅斯、烏克蘭戰爭新聞，每天上億的訊息中，唯獨戰爭是真的，新聞真假早已是非難辨，加上社群媒體的大數據操縱與洗腦管控這場戰爭從實體到認知作戰，網路上的訊息到處充斥著各種意識形態與政治目的，未經核實甚至不真實的事實和新聞經常被刻意的進行惡意傳播，即使是真實的相片也被錯置時空，無論是否是宣傳戰的一種方式，卻為這個世界帶來更大的危機。

　　聯合國教科文組織有鑑於社群數位媒體對傳統報業和新聞媒體的衝擊，2022年世界新聞自由日再次敦促各國政府在三個關鍵領域採取政策驅動的行動，以保護獨立媒體和記者的安全。除了支持獨立新聞媒體的經濟可行性，同時尊重記

者的專業自主權，更強調培養媒體和訊息素養，讓所有公民了解可靠、經過驗證的訊息和未經驗證的訊息的區別，鼓勵公眾從獨立媒體獲取訊息。

假新聞現象光怪陸離，烏俄戰爭相關報導中，網路流傳一段14秒的影片，內容為一個小女孩向軍人揮拳，並搭配文字指稱「勇敢的烏克蘭小女孩罵跑俄羅斯軍人」、「孩子，你們的聲音雖弱小，但你們讓整個世界震撼！淚崩！」。社群平台另有文字版本指稱「勇敢的烏克蘭小女孩，希望台灣人也能養出這樣的小孩，的確太勇敢了。孩子：你們的聲音雖弱小，但你們讓整個世界震撼！淚崩！」（新頭殼，2022）這則有畫面、有聲音、有具體說明的新聞讓不少人看了為之震撼，不過這個勇敢的小女孩到底是誰？

二十年前，作者擔任聯合報記者時，曾在北京前門大街上看到一個小販大喊：「號外！號外！港星劉德華昨晚遭槍擊身亡！」一群人蜂擁而上搶購報紙，一份兩塊人民幣的報導，鉅細靡遺地以特別報導形式呈現這則槍擊新聞，閱讀瞬間，作者都誤以為是真的，因為報導詳述整個事件發生的經過，劉德華被槍擊時間、地點、急救的醫院，家人反應、可能被槍擊的原因和警方的說法，還有一張模糊晃動的相片作為佐證，幾乎無法判定真假，直到作者自行確認，才知事件為假——在那網路還不普及的年代，假新聞就已經被當商品進行販售。

上述兩則新聞，經過台灣事實查核中心以及作者自行求證後，皆是一則最常流行的換圖說故事、挪用其他事件與照

片製造新故事的作法，而這些訊息，在第一時間已經影響閱聽大眾，尤其對發布假新聞的人來說，已達到製造、販售的目的。

　　假新聞看起來根本不假，甚至看不出來任何虛假的破綻，這類的新聞對於人們對事件還處於模糊不清狀態下，例如最愛的人罹患重病，當醫生宣告束手無策時，人們往往上網搜尋偏方，理性的民眾在這一刻往往失去智慧，而寧願選擇姑且相信。當一場選舉打得水深火熱之際，網傳的操守問題最後成為新聞議題，讓當事人說都說不明白，進而被有心人操弄選舉結果等，前任美國總統川普（Donald John Trump）在2018期中選舉後於白宮舉行記者會，在這場全國轉播的記者會中，他槓上美國有線電視新聞網（CNN）記者，事後更宣布取消該名記者的採訪證，讓CNN發出聲明痛批川普對媒體的攻擊不僅危險，甚至令人不安。事實上，美國2016總統大選之際，總統川普因為深陷「通烏門」醜聞被美國新聞媒體窮追猛打，川普在選後的第一場記者會，在媒體面前拒絕CNN記者提問，甚至痛罵是「假新聞」，成為就是最經典的畫面，不過這件事情的真真假假為何，卻沒有人能說得清楚。無法即時澄清的戰爭現場、選前之夜，以及自己搜尋的瘦身祕方、甚至坊間算命的江湖術士對自己命運的解讀，在人無法判斷真假之際，都極有可能已對自己產生衝擊，所以拒絕被假新聞傷害的第一道防線、甚至最後一道防線，往往源自於自己的判斷，所以提升辨識假新聞、假消息的新聞識讀能力更顯重要。

第一節　新聞識讀概念與推動之必要性

「識讀」是指在接收許多的訊息時，加以分析並評估這些訊息中的元素，來理解和適應外在世界的變化；而「媒體識讀」即是評估媒體消息並產生對媒體和新聞資訊的認知，具有「媒體識讀」能力代表著具評判思考、能辨別假新聞（Potter, 2018; Sperry, C., 2018; Dell, 2019）。傳播媒體是公民獲得知識和技能的主要媒介，大眾傳播體系越發達，人們可以更快取得最新的時事和議題時，就越依賴大眾傳播媒體（Vraga, Tully, Kotcher, Smithson & Broeckelman, 2018）。

永續發展目標組織便提倡透過社交媒體與數位媒體傳播有關永續發展目標的訊息，提供及共享訊息和資源，達到能邁向永續發展的行動（UNESCO, 2016）。傳播媒體可以展現現實社會狀況、傳遞相關族群對議題的看法、政府政策的實施效果等，因此，媒體在永續發展與永續教育具有重要性。聯合國教科文組織IPDC於2015年發布媒體永續指標，該指標已成為媒體從業者、政策制定者和發展參與者的重要參考。它為所有傳播相關者提出行動戰略建議，驅動各國政策之執行與成效監督，以及引發國民關注全球永續發展議題（UNESCO, 2018）。可靠的媒體和訊息系統是任何社會永續發展的先決條件，在當前充斥著錯誤訊息、歪曲事實和偏見的媒體環境中，媒體識讀對於永續發展的作用變得非常重要（Kumar, Mukesh, Husain & Asif, 2019）。學術界早就認

識到知識的力量以及有效利用訊息的必要性。新聞識讀要幫助孩子學習邏輯推理思考與解決問題的方法，幫助辨別假新聞，替代事實以及虛假訊息（吳翠珍、陳世敏，2007）。Breakstone, Smith與Wineburg於2016針對全美高中生在開放式網站上進行數位識讀評估後，發現年輕人普遍缺乏基礎技能，年輕人的媒體識讀能力堪憂，新聞識讀教育迫在眉睫。

目前新聞媒體識讀之推動被各國視為重要政策，聯合國教科文組織指出，全球透過資訊傳播傳遞大量的假新聞已嚴重影響人民的生活，唯有通過訓練和培養可以產生批判性的思維，識讀能力可以抵抗片面的宣傳和陰謀。2011年歐盟所有國家將制定初步指標來衡量其公民的媒體識讀能力（Hobbs, 2010）。聯合國教科文組織IPDC於2015年發布媒體永續指標，該指標已成為媒體從業者、政策制定者和發展參與者的重要參考。它為所有傳播相關者提出行動戰略建議，驅動各國政策之執行與成效監督，以及引發國民關注全球永續發展議題。回顧媒體識讀教育推動的歷史，美國是最早開啟媒體識讀觀念先河的國家，但真正最早由政府力量導入媒體識讀課程的為加拿大安大略省，澳洲在21世紀初就將媒體識讀納入正規課程的國家，歐洲的英國則在21世紀才正式投入大規模的國家級研究，台灣則是亞洲最早提出媒體識讀白皮書的國家，並將新聞識讀納入課程綱要，新加坡也透過政府與民間的力量積極推動相關課程。

由於新聞生產數量變大和傳播速度加快，人們在吸收大量媒體資訊時，使得對消息來源的查核更加複雜與負荷

（Potter, 2004）。由於假新聞氾濫，世界各國都已意識到新聞媒體識讀作為公民素養的重要性與緊迫性。聯合國指出知識社會的公民應具有媒體識讀，提高認知能評斷和制止假新聞與假消息的充斥，學習提升新聞識讀應有的知識和技能與認知能力，符合永續教育的意義，是21世紀生活和工作所需的知識、技能和態度（UNSCO, 2018）。新聞媒體識讀的潛在重要性的影響是顯而易見的：受眾可以更好地獲取、評估、分析和創造新聞，如果他們對新聞產生的條件有更全面的了解，他們就會選擇適合的媒體（Ashley, Maksl, & Craft, 2013）。美國媒體識讀相當重視思考媒體的製造新聞議題的手段和目的。美國全國媒體素養教育協會推動新聞識讀六項核心原則的第一項，就是啟動對媒體的批判性思考並和探究議題的觀點。全美組織「21世紀技能策略聯盟」（The Partnership for 21st Century Skills）已經將「媒體識讀」列為重要且必要的生活技能，也是今日學子須具備的競爭實力（駐洛杉磯台北經濟文化辦事處文化組，2011）。從教育的目標來看，並不僅止於「使人們瞭解媒體運用的認知與新聞文本判斷」，而也應包含個人「批判思考素養」的形式，也包括對媒介存在社會的制度與脈絡的思考，以及這些要素如何影響人們的經驗與實踐等面向（Buckingham, 2003，林子斌譯，2006）。

　　媒體素養教育共分為四個階段，第一個階段是個人媒體使用能力。第二個階段是批判性閱讀／觀察技巧和媒體產製。第三個階段是分析在媒體環境中政治上的、經濟的、

社會的和文化的意涵，獲取媒體機構的知識。第四個階段是推廣媒體、媒體活動和社會關係（吳美美，2004；Hobbs, 1998）。加拿大安大略省的媒體教育核心概念包括：「媒體訊息是人為所建構」、「媒體建構了真實」、「閱聽人自我詮釋媒體內容的意義」、「媒體具有商業性質」、「媒體具有社會政治意義」、「媒體內容含有意識形態與價值觀」、「媒體訊息的形式與內容密不可分」、「學習者應該學會欣賞每種媒介獨特的美學形式」（教育部媒體素養教育政策白皮書，2002）。

「媒體素養」指的是人們解讀、評估、分析和產製紙本和電子媒體的能力。媒體素養教育培養閱聽人，接觸媒體時以批判的角度，關注媒體內容的品質和正確性，包括廣告、置入性行銷。了解媒體如何運作，包括在匯流環境中、媒體的政治經濟和文化面、媒體是被建構的、媒體也建構了真實和意義。媒體具有商業、意識形態和政治的意涵（葉乃靜，2020）

第二節　新聞媒體識讀定義

Potter定義「新聞識讀」是指在接收新聞時，對內容加以評估並分析其元素，積極詮釋訊息意義的觀點，去理解訊息的內涵。可以通過認識作者、目的、觀點，評估內容的品質和可信度，分析各種形式的消息。面對媒體數量膨脹、資訊爆炸的世界與社會，數位和新聞識讀為一種必須擁

有的生活技能，確實可幫助人們識別錯誤訊息（Jones-Jang, Mortensen, & Liu, 2021）。聯合國指出知識社會的公民應具有新聞識讀，是21世紀生活和工作所需的知識、技能和態度（Posetti & Bontcheva, 2020; UNESCO, 2018）。由於假新聞氾濫，世界各國都已意識到新聞識讀作為公民素養的重要性與緊迫性。假新聞對人們的影響相當大，新聞識讀推動迫在眉梢，但澳洲只有20%的年輕人（兒童與青少年）表示，在過去一年中學校的課程幫助他們辨別「假新聞」；28%的年輕人表示，學校指導過他們撰寫自訂題材的新聞（蔡進雄，2021；駐澳大利亞代表處教育組，2020b）。

新聞媒體素養是指識別和參與新聞業所需的知識和動機（W. James Potter, 2018）。新聞識讀（Media Literacy）在國內主要有兩種翻譯法：一為「媒體素養」，二為「媒體識讀」（吳翠珍、陳世敏，2007）。新聞媒體素養是指識別和參與新聞業所需的知識和動機（Adam, Maksl & Ashley, 2015）。新聞識讀能力是為了解決假新聞所造成的社會問題，藉由提升閱聽大眾者的「識讀」能力，擁有媒體識讀能力的學生，能夠評估媒體消息並自行決定媒體的真相（Dell, Marin. 2019）。媒體識讀的三個組成部分是技能、知識結構和個人，訊息是知識結構的基本要素，知識結構幫助我們解讀每天所接觸的不同類型的訊息（Potter, 2004）。新聞媒體識讀促進對媒體結構的推動，對媒體知識產生正面影響與批判能力，並能感知現實主義與影響力（Jeong, Cho & Hwang, 2012）。學者認為媒體識讀的推動在增強批判性思

維（Silverblatt, 2008）。新聞識讀可以對新聞內容抱持懷疑態度，追求真實（Ashley, Poepsel, & Willis 2010）。新聞媒體識讀更是指識別和參與新聞業所需的知識和動機（Maksl, Ashley & Craft, 2013）。新聞識讀是通過認識作者、目的、觀點，並評估內容的品質和可信度，分析各種形式的消息（Hobbs, 2009）。

　　一項調查顯示，參加過新聞素養課程的大學生，新聞媒體識讀能力水準明顯提高，對當前新聞的了解程度更高，與其他學生相比，有更大閱讀消費新聞的動力（Maksl, 2008）。具有媒體素養教育的學生能夠評估媒體消息並自行決定媒體的真相（Dell, 2019）。新聞媒體識讀可以幫助接收更多的訊息來適應外在世界的變化，分析並評估這些訊息中的元素（Potter, 2018）。聯合國教科文組織為了解決媒體亂象，提出媒體和資訊識讀五大定律，策略目標是將資訊識讀和媒體識讀定義為21世紀生活和工作所需的知識、技能和態度（UNESCO, 2018）。「媒體和資訊素養五大法則」其中指出資訊、知識與消息並不總是價值中立，或始終免受偏見影響。任何對媒介與資訊素養的概念化、使用與應用都應保證上述事實對於所有人都是透明可理解的（教育部，2017）。依照聯合國永續發展目標中之永續教育目標項目，透過教育提升「媒體識讀」能力，幫助民眾在假新聞與假消息充斥的環境中，學習提升新聞識讀應有的知識和技能，符合永續教育的意義。通過訓練和培養可以讓人產生批判性的思維，這樣的識讀能力可以抵抗片面宣傳和陰謀論（UNSCO, 2021）。

針對防制假訊息危害，政府亦將培養公民對於媒體及網路資訊之識讀能力，讓每個人具獨立判斷能力，建立自我免疫系統，打擊假訊息及錯誤訊息，同時亦將透過公私協力推廣事實查核，藉由專業第三方查核組織及事實查核協作系統等，建構嚴密假訊息防護網（外交國防法務處，2018）。

　　媒體識讀是有意識地處理資訊，新聞識讀能力評估的介入通常是成功的，可以對媒體知識、批判思考、感知、現實主義、影響力、行為、態度、自我效能和行為產生積極正面的影響（Jeong, Cho & Hwang, 2012）。美國數位傳播學者Hobbs認為在訊息超載的年代，人們需要將注意力放到與他們的生活相關的高品質、高價值的訊息上。現在是將資訊素養和媒體識讀帶入美國社區主流的時候了，學生在吸收大量媒體資訊時，卻缺乏評判思考的技能，推動評量與教學成了當務之急。赫爾辛基法語－芬蘭學校院長Kari Kivinen表示，學校也與芬蘭事實查核機構合作，發展數位識讀「工具包」。練習包括了，檢查YouTube影片和社群媒體的貼文，比較媒體的偏頗，探討假消息散布者是如何捕捉讀者的情緒，更終極的練習，甚至要學生嘗試自己寫個假新聞，「我們希望學生做的是，在社群媒體按讚、分享之前，可以多想一想，誰寫過這個，在哪裡發表的？可以從其他來源找到相同的消息嗎？」（陳錚詒，2019）。Potter提出媒體識讀的重要性與關鍵因素，他認為具有新聞識讀能力的人對媒體的報導，可以進行深思熟慮的分析，自己可以控制媒體，並且對媒體的內容，行業和效果具有很高的基礎知識（Maksl,

Ashley & Craft, 2019）。Potter認為媒體識讀在很大程度上取決於媒體行業、媒體受眾、媒體內容和媒體效果等關鍵因素，他建立一套媒體認知模型，建立媒體識讀的理論框架，透過模型得以分析並建立強大的五大知識結構，包括「媒體效果」、「媒體競爭」、「媒體行業」、「現實世界」、「自我認知」，有了這些自有領域的知識，將能夠做出更好的決策整理訊息，使用這些訊息，並從中構造含義，提升媒體識讀能力。

表7：Potter（2004）模型理論「大眾媒體知識結構評估」向度與定義

面向層面	向度	定義
媒體行業	媒體辨識 產業發展 媒體經濟	認識新聞媒體公司，知道他們的發展歷史 對媒體產業趨勢了解 產業的規模
媒體觀眾	訊息處理 訊息暴露 分析觀眾 注意受眾利基	閱聽人如何處理訊息 訊息如何暴露並吸引閱聽大眾注意 如何區分觀眾 如何了解觀眾並利用策略
媒體內容	概念 原則 品質	新聞概念發生什麼變化 真實的原則是什麼 用什麼方法判斷新聞的品質
媒體的影響力	效力 變項	如何增加新聞媒體效力 影響效果的變項是什麼

表8：媒體識讀定義

作者	定義
加拿大媒體識讀協會 （1989）	新的媒體識讀技能，包括對數位媒體的批判性思維（數位素養或數位媒體識讀），AML分析數位識讀是指網際網路、智能手機、社交媒體和影片遊戲的批判性使用和消費，但同樣屬於媒體識讀的範疇。

作者	定義
美國媒體識讀中心 （2010）	21世紀媒體識讀的核心是提升媒體識讀技能，例如：學生識別和分析如何使用文字、比喻語言、圖像和特徵來傳達特定的想法、態度或意見。
新加坡媒體識讀委員會 （2012）	相信媒體識讀是塑造和共享一個更美好的媒體環境，並提出媒體識讀五大核心價值觀：尊重、同理心、責任、正直、識別觀察力。
David Buckingham (2017)	媒體識讀的關鍵概念：媒體語言、表現、機構和觀眾。媒體素養有其獨特的知識和技能（概念和實踐）。
Jeong & Cho (2019)	媒體識讀能力的提升對媒體批判、自我行為的掌控與判斷具有正向的影響。
全國媒體素養教育協會 （2007）	媒體識讀的這個定義涵蓋了接觸媒體訊息的人，就他們對媒體的看法和信念做出明智決定所必需的基本互動；即它的真假。媒體素養使人們能夠成為批判性思考者和創造者、有效的溝通者和積極的公民。
聯合國教科文組織 （2015）	媒體識讀應符合永續教育的意義，擁有21世紀生活和工作所需的知識、技能和態度。
Potter (2004)	了解媒體內容、媒體行業的動機以及潛在的負面影響；它需要深入了解人們如何在日常生活中使用媒體，人們如何開始相信他們的媒體使用有助於實現他們的目標。
全美組織21世紀技能策略聯盟（2020）	媒體識讀是重要且必要的生活技能。
美國大學和研究圖書館協會（2020）	要求個人識別何時需要訊息並能夠有效地定位、評估和使用所需訊息的能力。

第三節　各國推動新聞媒體識讀概況

　　為了打擊假新聞，各國都積極推動完整的媒體識讀研究、調查與課程推動。需要透過完善的概念框架和媒體教育的教學策略，才能面對數位社群媒體帶來的新挑戰

（Buckingham, 2019）。關於目前世界的媒體素養教育，一些媒體識讀教育的參與者，包括學者Watt與McDougall批評媒體教育未能讓學生為這個顛覆性時代做好充分準備，為他們將要面對的現實做好準備，讓學生明白好的新聞是昂貴的，重視它會導致更多的工作，不要只是批評，缺少有關新聞架構和價值觀的知識。Buckingham也認為，媒體識讀涵蓋所有媒體，這不僅是年輕一代的基本能力，也是所有年齡的人、父母、教師和媒體專業人士的基本能力。這個問題被視為對歐洲社會和文化發展的發展至關重要，我們為年輕人提供數位技能，但數位技能不只是使用工具的方式，同時，還包括教孩子青年們網路安全的基礎知識，教他們「假新聞」和「真相」之間的區別。

　　聯合國教科文組織可說是媒體識讀推動的先驅。該組織最早在1982年格倫瓦爾德宣言中提到，需要透過政策和教育系統來提升公民批判性地了解媒體訊息（吳翠珍，2003; NCC, 2018）。歐盟積極推動媒體識讀，強化各種與新聞媒體識讀相關的研究與行動，建立鼓勵事實查核系統，定期發表媒體素養調查報告，推動學校教育等。英國學者Buckingham認為，英國的媒體識讀不僅僅是一個善意的口號：應要為孩子，要求將媒體教育作為系統的教與學計畫。英國「國會跨黨派讀寫素養小組」及「國家讀寫素養基金會」，於2017年成立了假新聞和學校關鍵識讀技能教學委員會，該委員會與Facebook、First News和The Day進行合作，啟動了關於假新聞對兒童和年輕人的影響的大量證據，推動

假新聞的相關教學促進與革新（The National Literacy Trust, 2018）。奧地利經濟、家庭與青年部於2013年發布青年政策白皮書，將媒體識讀列為重點項目，目標在擴大訊息傳達以及培養青年的媒體識讀能力，青年部將針對兒童、青年、家長、青年組織工作者、教師、大學生與研究人員辦理座談會、工作坊、各類論壇，並提供個人諮詢服務，以達成下列目標：1.讓青年能使用新舊媒體。2.讓青年學習利用這些媒體。3.讓青年具有批評性的分析說明能力。4.處理危機的知識與能力。5.積極參與（駐奧地利代表處教育組，2013；簡瑋成，2019）。芬蘭識讀教育落實在學校教育內，教育主張公民應該具批判性思考、對假消息有意識、查核新聞事實（陳錚詒，2019；Mackintosh, 2019）。

全美組織「21世紀技能策略聯盟」將「媒體識讀」列為重要且必要的生活技能，美國全國媒體素養教育協會推動新聞識讀六項核心原則的第一項，就是啟動對媒體的批判性思考並和探究議題的觀點，並重視思考媒體的製造新聞議題的手段和目的。美國非營利倡導組織發布「2020年美國媒體素養政策報告」，針對全美K-12學校媒體識讀教育法的各州現狀報告，研究發現美國有14個州正在將媒體素養課程納入其K-12學校，但只有兩個州在其法律中強調媒體識讀是一項基本技能。美國早在1960年代就出現對假新聞展開批判性思維的改革運動，美國資訊產業協會前主席Zurkowski於1974年發表的一篇論文，認為媒體識讀在對抗假新聞、替代事實以及虛假訊息在我們社會大量傳播，相關研究也認為假新聞在

當代也被視為透過議題操作新聞的方式，被視為一種既告知又掩蓋的社會過程，而不是僅僅提供客觀事實的中立過程。之後美國提出諸多新聞識讀的定義，美國大學和研究圖書館協會在2000年將媒體識讀定義為「要求個人識別何時需要訊息並能夠有效地定位、評估和使用所需訊息的能力」。美國媒體識讀中心則定義21世紀媒體識讀的核心是提升媒體識讀技能，例如：學生識別和分析如何使用文字、比喻語言、圖像和特徵來傳達特定的想法、態度或意見。學者Maksl，Ashley與Craft提出對新聞媒體識讀指對新聞內容抱持懷疑態度，追求真實，更是指識別和參與新聞業所需的知識和動機。加拿大在1978由Duncan、Schuyler、Moscovitch、McNabb創立第一個媒體識讀協會，1980年代積極推動媒體識讀教育，加拿大媒體識讀協會是安大略省教育部下屬的官方非營利媒體識讀學科協會，組織成員包括教師、圖書館員、顧問、家長、文化工作者和媒體專業人士，負責推動編寫該省的媒體識讀課程。安大略省於1986年正式將媒體教育納入正式課程，1989年安大略省教育部推出媒體素養資源指南，1998安大略成為世界上第一個將媒體識讀嵌入核心英語／語言課程的司法管轄區（AML, 2021）。

澳洲跟台灣一樣，將媒體識讀相關課程導入全國中小學課綱中，「媒體識讀」併入「媒體藝術」教育相關課綱。澳洲通訊暨媒體管理局自2007年起開始執行的數位媒體素養計畫，包括：1.彙整媒體識讀相關研究與教育文獻，並發布成研究報告。2.和澳洲當地相關媒體素養組織合作，建立媒

體識讀論壇，並創造媒體素養相關活動網站。3.透過現有研究來作為未來澳洲通訊暨媒體管理局推動相關媒體素養研究和活動的依據。4.與加拿大數位經濟小組共同針對使用者在數位通訊時代下的行為和態度等進行研究調查，以作為未來發展跨部門與跨域的組織合作，共同發展澳洲的數位經濟（NCC, 2018）。

　　台灣在2002年發布了媒體素養政策白皮書，是亞洲最早發布媒體白皮書的國家，也是積極將媒體識讀導入課綱的國家之一，教育部推動的媒體識讀教育，最重要的就是致力學生批判思考能力的提升，包括培養個體對創造或接收到的訊息，進行主動探究與批判思考。教育部2014年並訂定全新的「科技資訊與媒體素養」，項目說明「具備善用科技、資訊與各類媒體之能力，培養相關倫理及媒體識讀的素養，俾能分析、思辨、批判人與科技、資訊及媒體之關係」。台灣目前推動十二年國民基本教育課程，將「科技資訊與媒體素養」列為9大核心素養之一，培養學生以至國人能夠瞭解運用媒體與資訊工具之創造性潛能、正向使用方法以及具備媒體識讀能力。科技資訊與媒體素養說明培養學生具備善用科技、資訊與各類媒體之能力，培養相關倫理及媒體識讀的素養，俾能分析、思辨、批判人與科技、資訊及媒體之關係（教育部，2019）。

　　新加坡同樣是亞洲新聞識讀最早推動的國家之一，由人民、私營和公共部門的成員於2012年組成媒體識讀委員會，開展新加坡媒體識讀和網路健康方面的公共教育，並就不斷

發展的媒體、技術和消費者參與世界的適當政策響應，向政府提供建議。在當今的數位和社交媒體環境中，該委員會力求解決諸如網路安全、識別網路虛假訊息、網路欺凌和不文明的網路行為等問題。新加坡媒體識讀強調他們的作用是培養數位用戶的批判性思維能力，提高民眾對網路世界問題的理解，使他們能夠安全、聰明地上網。韓國通信委員會不僅負責監管廣播和通信服務，保護用戶，並處理維護廣播獨立性所需的其他事項服務。其中更制定和實施旨在保護用戶及其個人訊息的廣泛措施；防止非法或有害訊息的流通。2007年起，韓國教育部持續透過政策推動媒體教育，韓國共計105所學校正在實施高中學分制，預計2025年起將進行全面實施（KCC, 2018; NCC, 2018）。

第四節　新聞媒體識讀重要研究與學者

1990年代之後，媒體識讀研究進入蓬勃發展年代，重要研究單位包括聯合國教科文組織和歐盟組織，以及各國的媒體識讀協會與政府，他們紛紛提供許多新聞媒體識讀的框架，多為分析和評估、創造、反思、行動等面向。

全球重要的媒體識讀研究學者包括：賓夕法尼亞大學的安納伯格學者Kubey，目前是羅格斯大學新聞與媒體研究教授，1980至1990年代發表〈情緒反應作為人際新聞傳播的原因：航天飛機悲劇案例〉（Emotional response as a cause of interpersonal news diffusion: The case of the space shuttle

tragedy）、〈電視成癮：無處不在隱喻背後的理論和數據〉
（Television addiction: Theories and data behind the ubiquitous
metaphor）等論文，對電視媒體與識讀有深度的分析，為媒
體識讀的先期研究者；提出英國媒體教育宣言的拉夫堡大學
的名譽教授和倫敦國王學院的客座教授David Buckingham；
提出「媒體認知理論」的加州大學聖巴巴拉分校傳播系教
授Potter；推動媒體素養框架的發展伯恩茅斯大學大學教授
Julian McDougall；推動媒體識讀的麻省理工學院比較媒體
研究項目的聯合創始人Henry Jenkins，目前擔任南加州大學
安納伯格傳播與新聞學院和南加州大學傳播與新聞學院的教
授；推動媒體識讀現場教育工作，鼓勵教育者使用各種引
人入勝的文本的羅德島大學傳播學教授Renee Hobbs；發展
「新聞媒體識讀評量」獲得大量引用的伊利諾伊大學厄巴
納－香檳分校新聞系教授兼系主任Stephanie Craft；印第安
納大學東南部社會科學學院新聞與媒體副教授Adam Maks；
以及博伊西州立大學傳播系Seth Ashley等多位學者。

　　Buckingham研究著重於媒體識讀理論與分析，並協助
政府進行大型調查與研究。出版品包括《兒童電視談話》
（*Children Talking Television*, 1993）、《童年死亡之後》
（*After the Death of Childhood*, 2000）、《媒體教育：掃盲、
學習和現代文化》（*Media Education: Literacy, Learning and
Modern Culture*, 2003）、《超越技術：數位文化時代的兒
童學習》（*Beyond Technology: Children's Learning in the Age
of Digital Culture*, 2007）、《材料兒童：在消費文化中成

長》（*The Material Child: Growing Up in Consumer Culture*, 2011）和《媒體教育宣言》（*The Media Education Manifesto*, 2019）。Potter研究主要集中在媒體識讀和媒體暴力方面，他在2004年發表「媒體識讀認知理論」，並出版《媒體識讀理論》（*Media Literacy Theory*）一書，對新聞識讀研究影響相當大，目前持續將有關大眾傳媒產業、內容、受眾和效果等理論，和研究成果整合到一個統一的解釋系統中。Hobbs發表媒介識讀教育的教學實踐及對學生學習的影響之相關理論與研究，她創辦媒體教育實驗室，透過研究和社區服務，致力於提高美國和世界各地的數位和媒體識讀教育的品質。Hobbs撰寫了四本書，並在學術和專業期刊上發表了150多篇文章。Jenkins在新聞識讀教育，2006年和麻省理工學院研究人員共同撰寫媒體白皮書《面對參與式文化的挑戰：21世紀的媒體教育》，對美國社會產生很大的影響。

　　McDougall發表媒體批判與媒體教育等，落實媒體實踐，與研究委員會、媒體行業、慈善機構和非營利組織提供了大量研究項目與編輯，並推動媒體素養框架的發展，強調媒體識讀應該進行思考、行動、溝通。Stephanie Craft曾在加州、阿肯色州和華盛頓州擔任報紙記者，以至於她是當代以新聞規範、道德和實踐探討新聞識讀的重要學者之一，她的相關研究已出現在許多權威期刊和編輯卷中，她根據新聞界新進入者對新聞工作者的自主權和對新聞的控制權所面臨的挑戰，重新思考職業新聞道德。她著重研究新聞工作者如何將「傾聽」表達為一種實踐規範，以及研究更高的新聞識

讀與更低的支持陰謀論的可能性有關，《美國新聞學原理》（*The Principles of Journalism*）為她重要的著作。Maks、Craft研究團隊持續開發衡量新聞媒體識讀的方法，可用於探索新聞媒體、識讀、懷疑主義、公民參與和其他變量之間的關係，並作為課程開發和評估的工具。

表9：新聞媒體識讀相關探討

年代	說明
1970~1980	1. Paul Zurkowski是第一個使用訊息識讀概念的人。 2. Kubey發表美國媒體教育發展的障礙。 3. 加拿大1978年創立了第一個「媒體素養協會」（The Association for Media Literacy，簡稱AML）。
1980~1990	1. 媒體評論家霍華德羅森伯格：媒體與價值季刊常識。 2. Kubey 1980發表〈電視與餘生：主觀體驗的系統比較〉。 3. Kubey 1990發表〈情緒反應作為人際新聞傳播的原因：航天飛機悲劇案例〉。
1990~2000	1. Hobbs 1998發表〈媒介識讀教育的教學實踐及對學生學習的影響〉。 2. 監督與課程發展協會出版《媒體教育技能與策略》。 3. 哈佛大學辦理第一所媒體識讀研究所。 4. 加拿大中部的安大略省是北美洲第一個將媒體教育列入學校義務課程的地區 5. Potter 2004年發表「媒體識讀認知理論」。 6. Kubey 1997發表〈訊息時代的媒體識讀：當前觀點〉論文。
2000~2010	1. 美國教育部主辦的第一屆媒體素養訊息發布會發表媒體識讀白皮書 2. 美國媒體素養中心推出「21世紀識讀第一版」五個關鍵問題和五個核心概念應用於任何媒體訊息，為21世紀生活的核心技能。 3. Jenkins在新聞識讀教育，2006年和麻省理工學院研究人員共同撰寫媒體白皮書《面對參與式文化的挑戰：21世紀的媒體教育》，對美國社會產生很大的影響。Jenkins 2008發表《融合文化：新舊媒體碰撞》一書。 4. 2001美國媒體素養聯盟成立，推動媒體素養納入國家教育體系。 5. Hobbs 2010發表「數位和媒體識讀：行動計畫」。

年代	說明
2010~2020	1.Maks和Craft（2017）研究團隊開發衡量新聞媒體識讀的方法，可用於探索新聞媒體、識讀、懷疑主義、公民參與和其他變量之間的關係，並作為課程開發和評估的工具。 2.Hobbs 2017發表〈衡量兒童和青少年的數位和媒體素養能力」論文。

自我評量題目

1. 「媒體識讀」即是評估媒體消息並產生對媒體和新聞資訊的認知，請說明「媒體識讀」能力要如何提升？
2. 請說明新加坡推動新聞識讀的現況，並說明新加坡媒體識讀委員會的運作方針？
3. 台灣在2002年發布了媒體素養政策白皮書，是亞洲最早發布媒體白皮書的國家，請問現況為何？
4. 加拿大安大略省的媒體教育核心概念包括：「媒體訊息是人為所建構」、「媒體建構了真實」等，請以自身觀點說明上述兩點。
5. 請說明全球重要的媒體識讀研究學者？

第四章

媒體識讀認知理論與新聞媒體識讀量表之編製

第一節　媒體識讀認知理論概念

　　認知理論（cognitive theory）用在許多學術領域，包括實驗動物及比較醫學、新聞傳播學、心理學、教育心理學、行政學等。2004年美國傳播學者Potter提出「新聞媒體識讀認知理論」，他把認知心理學用在媒體識讀，成為首位以認知理論探討傳播影響與效果的學者，Potter提出「個人」應該被視為「媒體識讀的中心」，而不是學校、家長或媒體行業。此外，Potter認為，僅就媒體的性質和各種訊息的潛在危害對個人進行教育是不夠的，一個比教育更根本的問題就是對人類思維如何運作進行更深入的分析與理解。因此，我們需要一個認知理論，關注媒體曝光的特殊特徵，從而解釋人們如何過濾訊息並從這些訊息中構建意義。

　　談到認知理論，有些心理學家把學習時所產生的改變，解釋為認知的歷程。此種看法是將個體對環境中事物的認識與了解，視為學習的必要條件，故稱為認知理論。知識分享

行為的自我效能是一個人對於自我知識分享的信心，相信自己有能力可以提供對其他人有價值的知識之能力，強調自我效能會影響個人知識分享的動機與行為，也就是較高的知識分享自我效能可能會有較好的知識分享品質（Kankanhalli et al., 2005）。我們日常生活中有很多事例是屬於知而後學的，譬如在數學上，如不理解其原理，絕無法做習題；在語文表達時，如不了解其結構，將無法傳達其正確意義。認知論源於本世紀初葉的完形心理學（Gestalt Psychology），重視知覺的整體性、重視環境中眾多刺激之間的關係（劉德威，2000）。認知理論透過社交媒體對大眾具有社會互動和社會察覺對認知吸收有正向的影響（史信蘭，2019）。媒體透過新聞、廣告進行議題設定，對群體進行描繪，扭曲並改變真實的樣貌，改變人們的認知（Richard Jackson Harris, 2009）。

　　無論歐洲、美國、亞洲的台灣，近十年來的相關研究與媒體教育推動，教學提升都是以個人做為媒體識讀的目標，而非學校或是媒體行業、企業，這也就是Potter在2004年所發表的「媒體識讀認知理論」，他定義媒體識讀的提升應該從每個人做起，他當時認為過去針對媒體的批判與媒體的監督，或分析訊息的潛在危害，對防範假訊息攻擊是不夠的。媒體識讀的認知理論將有助於直接關注人們如何在日常生活中遇到大量的媒體訊息流，即他們如何做出過濾決策，如何有效地將訊息中的符號與已習得的意義聯繫起來，以及如何為自己構建新的意義（Potter, 2004）。

可靠的媒體和訊息系統是任何社會永續發展的先決條件，在這個當前世界充滿錯誤訊息、歪曲事實和偏見的媒體環境中，媒體識讀教育對永續發展變得非常重要（Mukesh & Asif, 2019）。人們在吸收大量媒體資訊時，因為新聞生產數量變大和傳播速度加快，使得對消息來源的查核更加複雜，負荷也加重（Potter, 2004）。為了解決議題新聞對人的觀點產生影響，為了建立對議題新聞深入理解，Potter強調需要建立一個媒體識讀認知理論，以關注媒體曝光的特殊特徵，並解釋人們如何過濾訊息並從這些訊息中構建意義（Potter, 2004）。

議題新聞、媒體識讀的認知理論存在強烈而主要的需求，這一立場得到兩個原則的支持。第一個原則是個人（閱聽人）是首要的。第二個原則是個人內部認知是最重要的，也就是說，行為的改變是建立在認知的基礎上的。教育人們提高媒體識讀，不僅僅包括讓他們了解媒體內容、媒體行業的動機以及潛在的負面影響；它需要深入了解人們如何在日常生活中使用媒體，人們如何開始相信他們的媒體使用有助於實現他們的目標（Potter, 2004）。推動新聞識讀可以提升對媒體的知識能力，對媒體越了解，就能提升個人對新聞判斷的行為信念、態度、自我效能感和行為，產生正面的影響力（Jeong, Cho & Hwang 2012）。

第二節　新聞媒體認知理論重要觀點

　　Potter從媒體識讀和認知心理學這兩個領域進行思考提出兩個理論觀點，首先強調，個人作為提升媒體識讀的目標，透過媒體識讀教育，幫助了解媒體內容、媒體行業的動機，以及潛在的負面影響；Potter指出，更需要深入了解人們如何在日常生活中使用媒體實現目標與避免危機。第二個觀點則是，在個人內部，認知是最重要的，他的論點就是每個人行為變化來自認知，建立對人類思維如何運作的更深入的理解，越了解就越能確定媒體訊息如何放大人們想要實現的積極事物。

　　Potter認為媒體識讀認知模式是在幾個想法下所建構，第一個為訊息處理為自然反應：Potter認為一般人面對巨大的媒體訊息，處理過程多半是無特別意識狀態下的自主反應。第二個是人受到媒體的制約：媒體透過議題設定影響民眾的認知，媒體使人們認為某些事情很重要，某些事情則不重要。第三個是媒體識讀能力能幫助個人提高驅動力，並對訊息進行分析。第四個是媒體識讀能力具有對訊息產生建構、過濾等任務。因此，Potter媒體識讀認知模式提出個人思考習慣、個人處理新聞模式、媒體知識結構三個重要面向。認為決策過程來自個人軌跡，「個人軌跡」指的是控制訊息處理任務的軌跡，包括目標和驅動力、目標通過確定哪些內容被過濾和哪些內容被忽略來塑造訊息處理任務。它還

塑造意義匹配和意義建構，人們對這個軌跡了解得越多，就可以越有意識地塑造，並且越能控制這個過程。

　　Potter認為當訊息進入大腦後，就開始透過個人軌跡運作，此階段必須擁有對訊息處理的能力和技能，才能執行對錯誤訊息的判斷，因此他認為在這個過程，必須擁有對訊息批判思考的能力，若缺乏這些能力，會使個人對特定訊息的判別產生迷失。

　　「知識結構」則是對媒體的產業、內容等所擁有的一切知識，因此知識結構涵蓋媒體效果、媒體內容、媒體產業、現實世界和自我知識，有了這五個領域的知識，大眾在訊息處理的任務中，就更有能力於尋找訊息、處理該訊息做出最好的決定。

四個因子

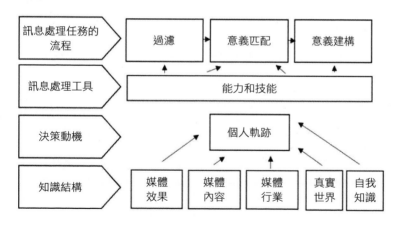

圖1：媒體識讀認知模式

資料來源：Potter (2004)

第三節　新聞媒體認知理論成為ASHLEY、MAKSL、CRAFT發展識讀評量依據

　　Potter認為面對訊息爆炸的時代，需要一種媒體識讀的認知理論，以最有效地將研究導向可以提供有關人們如何與媒體互動，並且可以進行研究，以增加我們對它們提出的問題的理解。Potter強調，媒體識讀認知理論不僅教民眾如何獲取訊息，更教育保護自己免受大量訊息的攻擊。我們會自動接收反射訊息，但我們必須使用更高層次的技能來構建意義（Potter, 2004）。這個理論，發展出知識結構、批判分析等面向，成為Ashley、Maksl、Craft等學者發展識讀評量的依據。調查民眾是否具有新聞識讀能力相當重要，現行已有的新聞媒體識讀／素養量表著重在對新聞的知識或資訊判讀、意即「分析與詮釋新聞媒體時，所需要的知識、技術與能力」（Ashley, Maksl & Craft, 2013; Vraga, Tully, Kotcher, Smithson & Broeckelman-Post, 2015）。

　　Ashley、Maksl、Craft於2015年發表的期刊論文指出，新聞媒體素養是指識別和參與新聞工作所需的知識和動機。Maksl研究提出Potter的媒體識讀認知模型為他們所設計新聞識讀評量提供了理論框架，因為Potter的模型考慮了影響整體讀寫能力的幾個因素，包括為媒體曝光準備的必要知識，以及個人處理訊息的方式。他們試圖將Potter的媒體識讀認知模型應用於新聞媒體識讀，以測試該模型所暗示的知識與

假新聞下的媒體認知理論與新聞媒體識讀研究

074

個體差異之間的關係，即認知需求（need for cognition）、媒體控制點（media locus of control）和媒體知識結構（media knowledge structures），從而開始開發可用於創建和評估培訓的新聞媒體識讀衡量標準計畫和課程，檢查新聞媒體識讀、新聞媒體使用和其他變量之間的相關性（Ashley, Maksl & Craft, 2015）。

Ashley、Maksl、Craft應用了Potter的媒體識讀的框架，開發一個可以成功衡量新聞媒體識讀的測量量表，他們開發這份量表的動機，在於假設新聞媒體識讀的重要性是顯而易見的，他們認為學生民眾如果對新聞產生的有更全面的知識，他們就會選擇媒體，可以更好地獲取、評估、分析新聞。Ashley、Maksl、Craft的研究重視媒體識讀技能和知識的廣泛理解作為衡量新聞媒體識讀能力的重要部分。

他們提出的量表第一部分是人們對新聞進行正念與自動思維處理的程度，此部分，採用1996年Epstein等人使用的縮短的五項認知需求量表來衡量這個概念，研究問題和相關假設，假設了兩個新聞媒體素養群體及其內在動機水平、新聞媒體懷疑、新聞使用和時事知識之間的關係（Ashley, Maksl & Craft, 2015），以藉此了解個人的認知處理態度。

第二個問題，Ashley、Maksl、Craft採用了以前Wallston & Studler Wallston的量表進行「媒體控制點」的評量，因為他們認為探討控制新聞媒體的能力，以及如何找到新聞點如何影響人們的程度，可以從心理學進行研究。

第三個則是採用Potter的「知識結構」，特別是關於三

個領域：產生新聞的機構、產生新聞內容的方式，以及該內容可能對人們產生的影響的認識。

這份評量開發後，曾於2015年針對美國500名青少年進行新聞媒體識讀水準評量，發現提高新聞媒體識讀能力的個人，對媒體內容可以有深入的思考，相信人們可以控制媒體的影響，並且對媒體內容、行業和效果具有高度的基礎知識。

除了上述三個部分外，他們還使用懷疑和動機進行第四部分調查，以作為更精準之分析與判斷，藉此更對應新聞識讀與懷疑和動機的關係。

第四節　自行發展量表之研究架構

本書進行一套全新的中文新聞媒體識讀量表之設計，本量表之研究架構，最重要的就是針對引用的量表模式進行描述，並針對自行開發的量表，與文獻探討的量表，以及Potter媒體認知理論進行對應，以了解並清楚說明本量表之個人思考習慣、個人處理新聞模式、媒體知識結構與新聞情境閱讀等四個面向之由來。關於文獻探討與資料收集，則收集海內外有關媒體認知、媒體識讀、假新聞等相關文獻，以及媒體量表發展之相關文章，以作為文本依據。

本書為回應研究目的，新聞識讀量表設計之研究方法分為兩部分：量表信效度檢驗、台灣高中生識讀能力初探。本書關注新聞的脈絡性、討論性，關注在個人收取議題資訊

時，應該要能覺知與理解個人偏好、議題重要成分、因果脈絡、價值立場等（Blackburn, 2012; Martin, 2007; Schaper, 2002; Y. Yang & Hsu, 2012）；也應專注在個人對議題的探究、同理心、懷疑（Luhtala & Whiting, 2018）。觀點皆強調知識與分析能力的重要性，而Potter的認知理論是從個人的思考與認知來探討新聞媒體識讀，含括了思考過程、知識理解等項目，符合本書在新聞識讀的目的。

因此，本書以媒體識讀認知理論模型為基礎，核心部分為進行新聞媒體識讀量表設計，項目包括個人思考習慣、個人處理新聞模式、媒體知識結構，以及新聞情境閱讀等，新聞情境閱讀得以讓學生在測試過程中，真正透過閱讀、理解，才能正確回答經過設計的閱讀題目。建構完成之題目以便利取樣方式安排學生進行評量，學生變項包括男女性別、學校性質、學校名稱、接觸新聞時間，不僅針對高中生識讀能力進行分析，也針對量表進行信度與效度之檢驗，以及量表鑑別度分析。

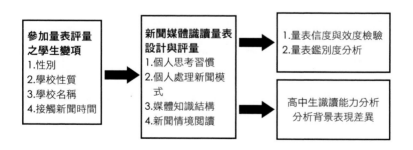

圖2：研究架構圖

第五節　新聞媒體識讀量表之編製

本書的新聞識讀評估面向，立基於媒體識讀的角度，評估個人思考習慣、個人處理新聞模式、媒體知識結構、新聞情境閱讀等主題。以Potter的媒體識讀認知理論模型為基礎（Potter, 2004a; Potter, 2010），並參考Maksl等人基於媒體識讀認知理論模型的觀點、面向與題目（Maksl, Ashley & Craft, 2015; Maksl, Craft, Ashley & Miller, 2017），作為發展本量表之各主題的題目。

一、個人思考習慣

此主題從個人的角度評估，衡量個人的思考程度。由於媒體文化與議題新聞特性，學生不僅是要解讀訊息，還須具有批判性思維，以理解和分析新聞（Adams & Hamm, 2001; Christ, 2004; Hobbs & Jensen, 2009; Luhtala & Whiting, 2018）。批判性思維是一種系統性的習慣，能夠質疑訊息，面對不同的訊息來源，尋求不同的觀點、理解陳述，並能夠從訊息中做出推斷、判斷其可靠性（駐澳大利亞代表處教育組，2018；Menichelli & Braccini, 2020）。

基於新聞議題教育，即個人本身在面對議題時，探討各種可能的替代方式以及各種方式背後的觀點等，強調個人了解議題的責任與應該具有的思維處理（國家教育研究院，2019；Hungerford & Volk, 1990; Zeidler, Sadler, Simmons &

Howes, 2005）。可利用Potter模型中的自我態度、及對新聞的自我效能等概念，它們涉及到個體的思維過程，屬於自動或具有察覺的思考過程，亦即，人們自身持有的自動思維的處理程度，以及對新聞持有的態度（Ashley, Maksl & Craft, 2017; Potter, 2018）。

個人的思考習慣初步分有四個因子：「自我認知」是個人對於思考的傾向；「自我觀察」是關注新聞的目的；「自我懷疑」是對一件事物抱持懷疑探究的態度，以及觀看新聞並採取思考的意識程度；「自我評估」是個人對媒體的看法。各因子分別有5、3、6、4題，總共有18題。

二、個人處理新聞模式

此主題關注在個人接收媒體時的反應，衡量個人閱讀新聞時的思考與行為表現。新聞內容會因為媒體透過議題設定，依立場與目標編撰，使得新聞並不真實且具有偏見，與真實之間有差距。因此，公民都應對新聞內容的懷疑態度，分析新聞的資訊價值，從而閱讀和理解新聞中的資訊、知識，嘗試解讀媒體訊息的意義（Hobbs & Frost, 2003; Kellner & Share, 2005; Thoman & Jolls, 2004; UNESCO, 2018）。訊息和其他媒體之間的界限變得越來越模糊。媒體不應僅僅被視為教學輔助工具或學習工具。媒體教育應被視為通過媒體進行媒體識讀的不可或缺條件。同樣，如果想使用網際網路或電腦遊戲或其他數位媒體進行教學，需要讓學生理解和批判這些媒體：他們需要為學生提供理解它們的方法，這就是

數位素養的功能（Buckingham, 2015）。進一步來說，閱聽者應該察覺新聞可能被媒體與記者本身的觀點來構建，應該過濾訊息並從這些訊息中構建意義；檢視其脈絡和一致性，分析該資訊是否具客觀性、準確性和中立性，學習事實檢查和脈絡（Ashley, 2013；吳翠珍、陳世敏，2007；駐澳大利亞代表處教育組，2018）；也應關注新聞的原始來源出版者，來評估該出版者的立場，以及此新聞可能的意圖和過程（教育部，2014; David, 2018）。

根據媒體識讀的認知理論，個人接受訊息時，應經過過濾、意義匹配和意義建構等過程，可依據新聞的七個標準評估以確保訊息的價值，標準有及時性、重要性、接近性、突出性、衝突、人類利益和偏差。整個意義建構的過程涉及對媒體焦點的掌控和相關外在測量，意即，個人認為自己在分析、思考新聞媒體的掌控程度，例如新聞使用和時事知識之間的關係（Maksl, 2015; Maksl, 2017; Potter, 2004b）。本主題指向了對新聞內容的理解與判斷、對新聞報導脈絡的分析、對媒體的立場與價值觀的覺知。初步分有四個因子：「動機」是個人對議題的需求、對新聞的需求；「閱讀能力」是對新聞資訊的接受，以及意義建構的能力；「懷疑」是對新聞的造假可能性保持警覺的態度、「分析」是就新聞的標準價值、現象與因果脈絡，檢查事實的準確性和媒體持有的立場與意圖。各因子分別有5、5、4、3題，總共有17題。

三、媒體知識結構

　　新聞產自於媒體，因此，媒體識讀也建立在個人對媒體的內部認知，包括對媒體內容、媒體行業的動機以及潛在的負面影響的理解。閱聽者應該對媒體的現況及產業結構有所了解，包括平常媒體對議題的參與和貢獻、寫作風格、傳播方式和常用的消息來源等，以審查和評估新聞的可信度（Ashley et al., 2010; Frau-Meigs, 2017; C. Yang, Zhou, & Zafarani, 2021；羅曉南、余陽洲，2015）。媒體教育主要目的不是培養技術技能或促進「自我表達」，而是鼓勵更系統地了解媒體和媒體運作方式，從而促進閱聽人可以以反思的方式使用媒體（David Buckingham, 2015）。從新聞的特性來看，族群會對議題抱有特定立場，個人也需理解媒體業者此一族群的角度與身分，知道媒體與新聞的關係與環境，進而做出適切回應（Batchelder, Brosnan, & Ashwin, 2017; Hoffman, 1977）。在Potter的認知知識結構有五個面向，提供大眾在嘗試理解每條新媒體訊息時使用的上下文，幫助個人對於訊息更有能力做出更好的決策。具體來說，這與新聞媒體知識結構有關，Maksl等人認為是關於三個領域：產生新聞的機構，產生新聞內容的方式，以及對該內容可能對人們產生的影響的認識（Ashley, 2013; Maksl, 2017）。

　　本主題指向了閱聽者對新聞播報媒體環境以及資訊呈現方式的了解。初步分有三個因子：「媒體產業」是該媒體的類型以及媒體產業環境；「媒體內容」是指內容產生方式，

例如：新聞媒體的風格、傳播方式和消息來源；「媒體影響」是指記者職責與不實新聞的特性。各因子分別有5、5、3題，總共有13題。

四、新聞情境閱讀

基於實踐訓練及教育調查，新聞識讀除了閱聽者的自我評估，也能透過情境來檢驗閱聽者的表現。依需求選擇適當的閱讀媒材和提供選項，讓閱聽者實際閱讀文本，進行思考與分析，從受試者的回應來檢驗其媒體真實表現素養（國家教育研究院，2019）。本主題專注在評估「新聞內涵評估」主題中的「分析」因子，我們給予兩個新聞文本，讓受試者直接閱讀並提出回應。兩個新聞文本的題目分別為5、2題，本主題共7道題。

第六節　新聞媒體識讀量表之題型與填寫

本量表共包含四個主題，各主題有3-4個面向。題型與填寫方式詳述如下，整份量表的填寫時間約25分鐘。

一、個人思考習慣：受試者自評，評估個人的思考習慣，以及對於新聞的觀點。此主題採用李克特五點量表（Likert-scale questionnaire）分為非常同意、同意、普通、不同意和非常不同意5個選項，指示受試者從五個選項中選擇一個反映他們感受的選項。然後我們將受試者的回應依選項轉換為量級，

表10：新聞識讀量表之面向編製

面向	因子	議題識讀	Potter (2019)	Ashley, Maksl, & Craft, S. (2013)	題數
個人思考習慣 Intellectual Skills	訊息自動處理 Automatic Thought Processing	個人偏好	媒體識讀受眾	關於自動與覺察思維處理的問題	8
	訊息覺察思考 Mindful Thought Processing	個人偏好			2
	自我評價 Skill	重要成分	媒體識讀假新聞	新聞媒體懷疑論	5
個人處理新聞模式 Personal Locus	動機 Motivation	個人偏好	媒體識讀方法	關於媒體控制點的問題	3
	個人掌控 Locus of control	因果脈絡	無	關於自動與覺察思維處理的問題	8
	懷疑 Skepticism	價值立場	無	新聞媒體使用、時事知識	4
媒體知識結構 Knowledge Structure	媒體產業	無	媒體產業	產生新聞的機構	5
	媒體內容	無	媒體內容	產生新聞內容的方式	5
	媒體影響	因果脈絡	媒體的閱聽人	內容對人們產生的影響	3
新聞情境閱讀 News Context Reading	新聞資訊評估：分析	重要成分、因果脈絡	無	關於自動與專注思維處理的問題	7

例如，非常同意代表5、非常不同意代表1。

二、個人處理新聞模式：受試者自評，評估個人在面對新聞資訊時的識讀狀況。此主題同樣採用李克特五點量表，並將受試者的回應依選項轉換為量級。

三、媒體知識結構：受試者知識測驗，評估個人對於台灣新聞與媒體環境的認知與理解。此主題創建了一系列有關台灣媒體及新聞製播的索引來評估各知識領域。採單選題，每一道題會有一個正確選項，由受試者依據題目描述，選出他認為最正確的。受試者的回應將以正確與否為計量，正確計為1分，錯誤計為0分。

四、新聞情境閱讀：受試者閱讀測驗，評估學生實際閱讀新聞時的分析表現。此主題給予兩個新聞，一題為不完整、誇張描述的題目，另一題為完整有脈絡的報導。以單選題方式詢問他們此新聞是否可信，以及可信／不可信的原因。每一道題會有一個正確選項，由受試者依據題目描述，選出他認為最正確的。一樣以正確與否計分。

第七節　量表信效度與鑑別度檢驗

研究採調查研究法之樣本調查研究，研究並非以普測為目的，而是建立量表，因此以立意抽樣方式從台灣6所高中的1000位學生作為研究對象，發放數位化的線上量表。我們請學生透過電腦或手機網路上填寫，不強制1000位學生在統一的時間上線填寫，而是開放時段讓學生在2021年3月1日到31日填寫。為期一個月，到時間截止時，最後回收有效問卷708份。取得資料後進行信效度檢驗，對四個主題（個人

思考習慣、個人處理新聞模式、媒體知識結構、新聞情境閱讀）資料為最原始、未計算對錯的填答結果。效度部分，量表編製時經過共計辦理兩次「假新聞下的世界變化與媒體識讀推動」論壇，共計10位科學傳播專家、媒體業者、教育學者（Yahoo!總監耿萱、前中天董事長潘祖蔭、前壹電視總編輯陳雅琳、TVBS副總編楊樺、經濟日報社長黃素娟、中正大學教授胡元輝、格樂大學教授謝宗順、臺師大教授林東泰、世新教授何吉森、臺師大研究員黃兆璽）。就評量目的與面向、題目與描述進行審核，具有內容效度；也經過5位高中老師（台北方濟高中主任周英慈、高雄女中校長林香吟、台南瀛海中學校長張添唐、台北開平中學副校長夏豪均、松山高級中學呂志潔老師），3位學生（高雄女中、松山高中、方濟高中），就題目的理解進行文字敘述的調整，具有內容效度。建構效度則在獲得高中學生的資料後，進行探索性因素分析（Exploratory factor analysis, EFA），採用主成分分析的擷取方法和Kaiser正規化的最大變異法轉軸方法。信度部分採Cronbach's alpha分析各主題之總體信度，以及各主題各面向的信度，並依據結果刪去不良之題目。最後，依據效度及信度結果，調整各主題的面向與題目。本研究第三主題媒體知識結構為知識測驗，第四主題新聞情境閱讀為閱讀測驗。對兩大主題進行難度與鑑別度分析，難度分析取第三主題總分最高的27%受試者為高分組，總分最低的27%受試者為低分組，計算高分組與低分組受試者的各題答對百分率，然後以兩組百分比的平均數作為該試題的難度。

鑑別度分析則是高分組的百分比減去低分組的百分比所得的差數，作為鑑別指數。

第八節　台灣高中生識讀能力分析

　　此部分以第一階段確認後的量表題目為主，從第一階段收集的資料進行學生表現之探究，使用描述性統計分析總體學生在各主題各面向的表現，包含平均數、標準差。其中，個人思考與觀點以及新聞內涵評估為自評量級，新聞媒體理解以及新聞情境閱讀為正確率百分比。此外，也利用同時在第一階段蒐集的個人背景資料，分析不同背景的表現差異。自變項為性別、學校性質、學校名稱、接觸新聞的時間，依變項為議題新聞識讀的四個主題之表現，如表挑選的參考依據為：1.以「性別」進行比較，分為男女兩組，因為男生女生在語文閱讀表現上有差異（駐德國代表處教育組，2015）。2.以「學校性質」進行比較，分為公立學校、私立學校兩組，以及高中、高職兩組，因為台灣公私立學校及高中與高職的辦學特性不同，例如：私立的教學管理較公立嚴格，普通高中多接觸普通學科而高職則多為多元技術學科（教育部，2013；陳恆鈞、許曼慧，2015；陳麗珠，2013），可能在識讀上有表現差異。3.以「接觸新聞的時間」進行比較，因為接觸時間可能會影響識讀（Akanda & Haque, 2013）。閱讀時間分為小於0.5小時、0.5-1小時、1-2小時，大於2小時等四組，因為在台灣，新聞播報主要集

中在18:00-20:00，並以1小時為一個重播循環。因此，我們以1小時及2小時為界。表11為各背景項目與次項目及學生數量。不同性別、學校性質之學生在各主題各面向的表現差異，將透過獨立樣本t檢定進行分析；不同接觸新聞的時間之學生的表現差異，則使用單因子變異數分析以及LSD事後比較進行分析。

表11：新聞識讀量表參與者之背景項目與人數

背景項目	次項目	數量
性別	男	410
	女	298
就讀學校性質	公立	271
	私立	437
	普通高中	513
	技術型高中	195
每天平均接觸新聞的小時數	少於0.5小時	268
	0.5-1小時	253
	1-2小時	121
	2小時以上	66

自我評量題目

1. 請說明什麼是媒體識讀認知理論？
2. 請說明Potter從媒體識讀和認知心理學這兩個領域進行思考提出兩個理論觀點為何？
3. 請說明Potter認為一般人面對巨大的媒體訊息，處理過程為何多半是無特別意識狀態下的自主反應？
4. 個人的思考習慣初步分有四個因子，請說明「自我認知」、「自我觀察」、「自我懷疑」、「自我評估」四個因子。
5. 請說明Potter新聞媒體認知模式的「知識結構」是代表什麼？涵蓋哪五個領域的知識？
6. 請完整繪圖說明Potter新聞媒體認知模式架構，並解釋大眾在訊息處理的任務中，如何更有能力處理該訊息，以做出最好的決定？

第五章
新聞識讀量表設計之結果與討論

第一節　信度與效度

　　三個主題的因素分析，因為得到的因素解不是正交的，所以使用傾斜旋轉來產生最終解。表12呈現三個主題各因子的特徵值（Eigenvalue），以及方差百分比和累積方差百分比；表13為各主題下的題目列表。其中：

　　個人思考習慣：由3個特徵值大於1的因子組成，其中，因子1的特徵值3.62，占33%的方差（Variance），組型因素負荷量絕對值介於.80-.89，命名為「訊息自動處理」；因子2的特徵值2.22，占20%的方差，組型因素負荷量絕對值介於.81-.86，命名為「自訊息覺察思考」；因子3的特徵值3.62，占16.5%的方差，組型因素負荷量絕對值介於.55-.86，命名為「自我評價」。綜上所述，EFA結果顯示所抽出的因素符合構念向度，試題之因素負荷量絕對值皆大於.55（.55-.89），轉軸後三個共同因素可以解釋的總變異量為69.65%。

　　個人處理新聞模式：由3個特徵值大於1的因子組成，其

中，因子1的特徵值4.03，占27%的方差，組型因素負荷量絕對值介於.68-.83，命名為「動機」；因子2的特徵值3.48，占23%的方差，組型因素負荷量絕對值介於.55-.78，命名為「分析」；因子3的特徵值2.00，占13%的方差，組型因素負荷量絕對值介於.77-.91，命名為「懷疑」。EFA結果顯示所抽出的因素符合構念向度，試題之因素負荷量絕對值皆大於.55（.55-.91），轉軸後三個共同因素可以解釋的總變異量為63.35%。

　　媒體知識結構：由3個特徵值大於1的因子組成，其中，因子1的特徵值2.69，占21%的方差，組型因素負荷量絕對值介於.38-.62，命名為「媒體產業」；因子2的特徵值2.11，占16%的方差，組型因素負荷量絕對值介於.48-.79，命名為「媒體內容」；因子3的特徵值1.56，占12%的方差，組型因素負荷量絕對值介於.61-.83，命名為「媒體影響」。EFA結果顯示所抽出的因素符合構念向度，試題之因素負荷量絕對值皆大於.38（.38-.83），轉軸後三個共同因素可以解釋的總變異量為48.95%。個人思考習慣的三個因子分別包括3個、2個、6個題目。個人處理新聞模式刪除一題因素負荷低於5的題目，三個因子分別包括3個、7個、4個題目。新聞媒體理解的四個因子分別包括2個、7個、4個題目，各題選項文字加粗者正確答案。新聞情境閱讀雖然有兩道閱讀題，但僅測量單一因子（個人處理新聞模式中的分析）。

　　接下來使用Cronbach's alpha，檢查因子量表內部一致性的可靠性。其中個人思考習慣的三個因素的 α 係數皆高於可

靠性的最低標準（≈.70）。個人處理新聞模式的三個因素的
α係數皆高於可靠性的最低標準。媒體知識結構的三個因子
的信度分別為.46、.76、.69。第一個向度的信度相當低，但
題目在台灣媒體知識的測驗是重要的；此外，此主題為知識
測驗，題型為單選題，因此信度供作參考，最後決定此因子
的題目都予以保留。

第二節　難度與鑑別度

　　第三主題「媒體知識結構」的各題難易度為0.04至0.60，
各題鑑別度為0.06至0.77；總體難度為0.43，鑑別度為0.51。
除了第一題與第二題的鑑別度偏低外，其餘為優良（0.4以
上為優良），考量第一題是測驗學生對台灣媒體屬性的理
解，而第二題是台灣記者的取證方式，皆是重要知識，因此
予以保留。

　　第四主題「新聞情境閱讀」的各題難易度為0.43至0.62，
各題鑑別度為0.25至0.82；總體難度為0.51，鑑別度為0.55。
除了第五題鑑別度偏低外，其餘為優良（0.4以上為優
良），考量第五題是測驗學生對於文本內容的理解，是重要
的內容判讀參考，因此予以保留。

表12：特徵值大於1的因子的斜旋轉統計

Factor	Eigenvalue	% of Variance	Cumulative %
Topic 1：個人思考習慣			
1	3.62	32.95	32.95
2	2.22	20.22	53.16
3	1.81	16.49	69.65
Topic 2：個人處理新聞模式			
1	4.025	26.832	26.832
2	3.477	23.182	50.014
3	2.001	13.337	63.351
Topic 3：新聞媒體理解			
1	2.685	20.651	20.651
2	2.119	16.302	36.952
3	1.560	11.999	48.952

表13：先驗屬性和問卷項的傾斜旋轉的因子載荷

Factor	Factor Score	a Priori Attribute	Questionnaire Item
Topic 1：個人思考習慣			
1	.872	訊息自動處理	我不喜歡做太多的思考（反向）。
	.891		我會避免陷入需要深層思考的情境中（反向）。
	.795		認真且花時間思考某些事情，無法給我滿足感（反向）。
2	.814	訊息覺察思考	我比較喜歡做一些能挑戰既有思考能力的事情。
	.863		我比較喜歡複雜的問題而不是簡單的問題。
3	.720	自我評價	我會對正反兩面的立場進行比較。
	.795		我會對看到的新聞半信半疑。
	.548		當我只看到新聞標題，我不會受到新聞標題的影響。

Factor	Factor Score	a Priori Attribute	Questionnaire Item
	.819		我會質疑新聞的來源與目的。
	.864		我會主動地思考新聞的真實性。
	.761		我會主動地解釋和分析新聞的意涵。

Topic 2：個人處理新聞模式

Factor	Factor Score	a Priori Attribute	Questionnaire Item
1	.789	動機	我會因個人責任持續關注某一新聞。
	.834		我會因個人利益持續關注某一新聞。
	.675		我會因個人喜好持續關注某一新聞。
2	.552	個人掌控	當我得知被媒體誤導時，我能夠在最短的時間內找到值得信賴的新聞。
	.745		我可以從各類媒體中找到想要知道的新聞。
	.797		我覺得當我努力搜尋不同的新聞來源，能避免被單一媒體誤導。
	.741		我認為只要採取適當而正確的方式，就能持續了解新聞事件的發展。
	.711		當我搜尋到我要的新聞後，會進一步在其他網站找相關的新聞。
	.743		我能判斷新聞媒體的報導是在客觀陳述事實或是主觀傳達媒體本身的觀點。
	.724		我能依據新聞內容來判定該媒體是否支持特定議題。
3	.768	懷疑	我認為新聞媒體會完整地陳述事實（反向）。
	.904		我認為新聞媒體的報導會精確地描述事件（反向）。
	.905		我認為新聞媒體的報導會幫助事情變得更容易解決（反向）。
	.841		我覺得新聞標題能表達出新聞內容（反向）。

Topic 3：媒體知識結構

Factor	Factor Score	a Priori Attribute	Questionnaire Item
1	.500	媒體產業	台灣絕大多數的媒體都是哪種類型媒體？（**（A）商業媒體** （B）公共媒體 （C）政府官媒 （D）不知道）
	.378		如果你想成為一名新聞記者，需要從哪個單位取得證照？（（A）NCC國家傳播通訊委員會 （B）中華民國記者協會 （C）各大新聞台 （D）**擔任記者不需要取得證照** （E）不知道）

Factor	Factor Score	a Priori Attribute	Questionnaire Item
	.527		國內哪個單位具有裁處違法節目的責任？（（A）國家傳播通訊委員會NCC （B）文化部影視及流行音樂發展司（C）各縣市教育局（D）警政署（E）立法院）
	.618		國內有線電視台眾多，有線系統經營者提供之公用頻道不得有下列哪種行為？（（A）播送受政府委託但未揭露政府出資、製作、贊助或補助訊息之節目（B）播送由政府出資、製作或贊助以擬參選人為題材之節目或廣告（C）播送受政府委託為置入性行銷之節目（D）播送商業廣告（E）以上皆是）
	.544		下列哪一個網站所呈現的新聞是來自於自己的新聞記者，而非小編？（（A）Google（B）udn聯合新聞網 （C）Yahoo!（D）Twitter（E）以上皆無）
2	.478	媒體內容	決定電視新聞台的新聞內容播出，誰具有最大的影響力？（（A）記者個人 （B）新聞收視者（C）導播（D）製作人（E）不知道）
	.566		台灣是個新聞自由的國家，下者何者不屬於新聞自由的範疇？（（A）播出前不受政府干預（B）播放特定政黨傾向的內容（C）批判當權執政者（D）名嘴談論個人隱私（E）不知道）
	.784		對於新聞所謂不夠客觀的批評，主要的意思是什麼？（（A）記者僅提供事件的事實（B）記者在報導中摻雜個人的意見（C）記者的報導太倚賴中立者的意見（D）記者沒有抓到事件的緣由（E）不知道）
	.792		一般而言台灣新聞媒體的主要收益來源為何？（（A）廣告（B）有線電視頻道月租費（C）訂閱費用（D）政府補助（E）不知道）
	.683		一則新聞的真實性，下列何者並非參考的重要依據？（（A）內容是否有權威專家的說法（B）新聞是否採訪到當事人與相關人士（C）不具名的內幕消息（D）內容是否清楚描述發生過程與地點（E）不知道）
3	.609	媒體影響	何謂記者的職責？（（A）求證消息的真實性（B）站在民眾的立場監督政府（C）挖掘人情趣味性的新聞（D）必須獨立於報導對象（E）以上皆是）

Factor	Factor Score	a Priori Attribute	Questionnaire Item
	.825		何謂不實新聞訊息？（（A）負面且具攻擊性的報導（B）未經查證的報導（C）包裝為新聞型態的廣告（D）刻意渲染、誤導大眾的報導**（E）以上皆是**）
	.783		你認為判斷不實新聞的方法為：（（A）思考消息來源的可靠性（B）確認作者（C）詢問專家（D）判斷新聞是否帶有偏見**（E）以上皆是**）
Topic 4：新聞情境閱讀			
虛假偏頗的新聞			請問你覺得這則新聞的標題是否能完全表達新聞內容？
			請問你認為是什麼原因使標題未能完整表達新聞內容？
			請問你覺得這則新聞的內容是否具有可信度？
			請問你覺得為什麼此篇新聞不完全具有可信度？
			請問你覺得這則新聞要傳達的主要內容是什麼？
報導完全的新聞			請問你覺得這則新聞的標題是否能表達新聞內容？
			請問你覺得這則新聞要傳達的主要內容是什麼？

表14：因子分析產生的因子的Alpha係數

Factor	# Item in Scale	Factor Name	Alpha	Standardized Item Alpha
Topic 1：個人思考習慣				
1	3	訊息自動處理	.817	.816
2	2	訊息覺察思考	.787	.788
3	6	自我評價	.868	.872
Topic 2：個人處理新聞模式				
1	3	動機	.755	.755
2	4	個人掌控	.868	.870
3	6	懷疑	.895	.895
Topic 3：媒體知識結構				
1	5	媒體產業	.462	.477
2	5	媒體內容	.762	.764
3	3	媒體影響	.685	.704

表15：在第三個主題中，每個項目的難度和判別指數並作為
一個整體進行測試

Item No.	Difficulty index	Discriminate index	Item No.	Difficulty index	Discriminate index
1	0.41	0.14	8	0.60	0.45
2	0.04	0.06	9	0.44	0.59
3	0.60	0.57	10	0.51	0.55
4	0.34	0.38	11	0.46	0.63
5	0.25	0.44	12	0.53	0.77
6	0.33	0.50	13	0.57	0.77
7	0.56	0.71	**Test as a whole**	0.43	0.51

表16：第四主題，難度和判別指數每個項目和測試作為一個
整體進行測試

Item No.	Difficulty index	Discriminate index	Item No.	Difficulty index	Discriminate index
1	0.49	0.49	5	0.62	0.25
2	0.54	0.52	6	0.58	0.34
3	0.43	0.53	7	0.47	0.82
4	0.47	0.82	**Test as a whole**	0.51	0.55

第三節　學生表現

　　第二階段的學生表現，利用經過信度與效度分析後的議
題新聞媒體素養量表與題目，就受試者在各主題與各因子的
表現進行分析。

一、總體表現

　　總體結果如表17，參與者在個人思考習慣、個人處理新聞模式的表現僅對自己有稍微正向的評價（3.42, 3.51）；在個人思考習慣的訊息覺察思考，僅只有普通程度的自評表現（3.18）。而在媒體理解這個主題，較熟悉媒體的影響（69.30%），但媒體產業、媒體內容兩個面向以及總體表現皆低於50%（39.66%, 41.33%, 47.14%），顯示對於台灣新聞媒體環境的理解程度較弱。此外，情境閱讀題的測驗，總體回應正確的百分比也僅只有41%。

表17：台灣高中生議題新聞識讀表現

主題	面向	平均數	標準差
個人思考習慣	訊息自動處理	3.24	0.78
	訊息覺察思考	3.18	0.65
	自我評價	3.60	0.70
	總體表現	3.42	0.54
個人處理新聞模式	動機	3.68	0.76
	個人掌控	3.59	0.62
	懷疑	3.26	0.97
	總體表現	3.51	0.44
新聞知識結構	媒體產業（正確率百分比）	39.66	19.00
	媒體內容（正確率百分比）	41.33	29.27
	媒體影響（正確率百分比）	69.30	37.31
	總體表現（正確率百分比）	47.14	17.85
新聞情境閱讀	資訊分析（正確率百分比）	41.16	21.92

在台灣也有民間使用是非題調查青少年媒體識讀，90%學生具有對媒體的認知，知道廣告贊助商或政治立場可能會影響新聞內容，其中有60%會抱持懷疑（金車文教基金會，2020），符合本研究的自我評估自評結果。在媒體內涵自評，相關的台灣中學生媒體素養調查，有約20-25%學生不會注意消息來源、發布的日期與發布媒體（陳雅慧，2019），符合本研究的「自我評價」結果。本研究結果皆可反映出調查，顯示量表可用性。同樣屬於華人，香港在訪問1,855位中學生，48%的受訪學生從未發現自己讚好或分享的網上圖文是虛假，也有研究指出整體有四成受訪青年在新聞識讀能力的得分低於合格標準，尤其在評估論據方面表現最差（香港青年協會，2016；唐嘉瑤，2018）。本研究結果則略好一些。

二、背景比較

研究的結果顯示了不同背景之參與者在四個量表主題之表現與差異。性別部分，女性在新聞知識結構及新聞情境閱讀皆高於男性（t(707)=7.45, p < 0.01; t(707)=3.35, p<0.01），顯示女性的實際表現都優於男性。以公立和私立的學校性質來看，在個人思考習慣並無差異，但在個人處理新聞模式、新聞知識結構、新聞情境閱讀三個主題，公立學生表現皆優於私立學生（t(707)=4.13, p<0.01; t(707)=7.59, p<0.01; t(707)=4.29, p<0.01）。以高中和高職的學校性質來看，高中學生在個人處理新聞模式、新聞情境閱讀皆高於高職

（t(707)=2.405, p<0.05; t(707)=2.525, p<0.01）。

結果說明了不同媒體觀看時間的參與者在四個主題的差異。在個人思考習慣、個人處理新聞模式都顯示小於0.5小時的參與者表現皆低於其他時間的參與者（F=7.199, p<.001; F=6.295, p<.001），而兩個主題多於0.5小時的參與者的組間都沒差異。在新聞知識結構此主題，則顯示閱讀超過2小時的參與者，表現皆低於另外三組（F=5.817, p<.001）。這些結果表明，閱讀新聞時間跟新聞媒體識讀有顯著的表現差異。

表18：參與者的表現－個人思考習慣和個人處理新聞模式

Background	sub	個人思考習慣				個人處理新聞模式			
		Mean	SD	t	p	Mean	SD	t	p
性別	女	3.38	0.52	-1.58	.116	3.54	0.44	1.26	.207
	男	3.45	0.56			3.50	0.44		
學校性質1	公立	3.46	0.56	1.442	.150	3.60	0.47	4.134	.000
	私立	3.40	0.53			3.46	0.41		
學校性質1	高中	3.44	0.56	1.204	.229	3.54	0.45	2.405	.016
	高職	3.38	0.51			3.45	0.40		

表19：參與者的表現－新聞知識結構和情境閱讀分析

Background	sub	新聞知識結構				新聞情境閱讀			
		Mean	SD	t	p	Mean	SD	t	p
性別	女	52.74	16.18	7.448	.000	44.39	22.62	3.348	.001
	男	42.99	17.86			38.84	21.13		
學校性質1	公立	53.36	18.69	7.591	.000	45.60	22.67	4.293	.000
	私立	43.28	16.16			38.41	20.99		
學校性質1	高中	47.76	18.10	1.490	.137	42.44	22.18	2.525	.012
	高職	45.52	17.10			37.80	20.88		

表20：參與者的表現－議題新聞識讀與閱讀時間的關聯性

Variables	SS	df	MS	F	p	Post hoc
個人思考習慣						
Organizations	6.220	3	2.073	7.199	.000	*2>1,3>1, 4>1
error	202.742	704	.288			
Total	208.961	707				
個人處理新聞模式						
Organizations	3.563	3	1.188	6.295	.000	*2>1, 3>1
error	132.824	704	.189			
Total	136.387	707				
新聞知識結構						
Organizations	5446.771	3	1815.590	5.817	.001	*1>4,2>4, *3>4
error	219719.127	704	312.101			
Total	225165.898	707				
新聞情境閱讀						
Organizations	1707.450	3	569.150	1.186	.314	
error	337891.305	704	479.959			
Total	339598.755	707				

*Group: (1)1: <0.5hr; (2)2: 0.5-1hr; (3)3: 1-2hr; (4)4: > 2hr.

　　研究表明，女孩和女性在語文閱讀和寫作方面要優於男性。本量表的台灣學生也確實反應這現象。以PISA做為參考，2009年在數位閱讀上女生閱讀的表現平均優於男生24分（標準誤為1分），PISA 2012男女差異為26分（標準誤為0.8分）；PISA 2015女生優於男生27分（標準誤為0.6分），所有參與國家／地區均是女生表現優於男生（張郁雯、柯華葳，2019）。德國的研究顯示，在德國約有20%的男生的閱讀能力低落，而女生則只有將近9%。在頂尖的群組中則有13%是女生的，男生則不到5%（駐德國代表處教育組，

2015）。越來越多人使用不同的線上媒體、從不同的管道獲得新聞，由於數位載具和網路的迅速發展，公民接觸議題新聞的時間和管道會更多元（Bialik & Matsa, 2017; Holcomb, Gottfried, Mitchell, & Schillinger, 2013）。雖然報紙新聞閱讀有助於改善閱讀習慣、獲取知識和提高認識（Akanda & Haque, 2013），但就本研究顯示，平均一天閱讀時間介於0.5-2小時之間表現較好，而閱讀超過4小時反而會在知識結構有較低表現。因此，若現實中接觸新聞的時間將隨著科技發展而增加，需要注意可能帶來的影響。

三、學生表現相關性分析

相關性表現，顯示個人思考習慣與個人處理新聞模式有高度相關（r=.586），而個人處理新聞模式與新聞知識結構有中度相關（r=.359），顯示主題間有關連性。

表21：學生表現相關性分析

		個人思考習慣	個人處理新聞模式	新聞知識結構	新聞情境閱讀
個人思考習慣	Pearson相關性				
個人處理新聞模式	Pearson相關性	.586**			
新聞知識結構	Pearson相關性	.235**	.359**		
新聞情境閱讀	Pearson相關性	.121**	.205**	.288**	

**.相關性在0.01層級上顯著（雙尾）。

第六章
新聞媒體識讀量表之結論與建議

第一節　結論

　　有關本研究在設計新聞媒體識讀量表過程中，探討相關問題與研究發現，總體上可以歸納出下列結論：

　　本書的目的為編製新聞媒體識讀量表，並評估台灣學生之新聞識讀能力。此量表透過不同因子面向發展三個評量主題和新聞情境閱讀兩個題目，研究針對自行編製的量表進行效度與信度的分析，研究的結果無論是Cronbach's alpha，檢查因子量表內部一致性的可靠性，無論是個人思考習慣、個人處理新聞模式、新聞媒體理解的 α 係數皆高於可靠性的最低標準（$\approx.70$），以及特徵值都大於1，表明了本研究所編製的評量工具確實為有效和可靠的，可作為未來在台灣進行媒體識讀調查的施測工具。

　　有關本新聞識讀量表之第三題媒體知識結構的信效度難度與鑑別度方面，總體難度為0.43，鑑別度為0.51，第四題新聞情境閱讀兩題的總體難度為0.51，鑑別度為0.55，總體來說這兩大題的難度與鑑別度是優良的，結果證明本研究所

編製之對新聞理解和新聞情境閱讀的題目對高中生來說，並不會出現難於作答的現象，適合學生進行施測，以判別新聞識讀能力。

　　設計編製量表過程中，不僅進行信效度與難易度分析，也同時針對測驗的學生進行新聞識讀能力評量分析，探討高中生的新聞媒體識讀能力狀況，測驗結果為女性新聞識讀能力高於男性，成績較為優異的公立高中識讀能力高於私立高中職。學生對媒體產業、媒體內容兩個面向的回答正確率為39.66%以及41.33%，總體表現也僅為47.14%，因此本研究發現，學生接觸新聞的時間，會影響識讀的能力，研究發現一般的高中生，每天平均接觸新聞小時數少於0.5小時的人數最多，總體來說，過半數高中學生每天接觸新聞的小時數普遍低於一小時，對媒體產業的了解也相當不足，因此說明閱讀新聞時間愈少者，在個人思考習慣和個人新聞處理模式上的表現，都低於花更多時間閱讀新聞的人，可見閱讀與新聞媒體識讀的能力提升具有正相關。

第二節　建議

　　依據上述研究結論，對於本研究所開發之新聞媒體識讀量表，以及本次透過本評量對高中學生所進行的媒體識讀能力調查的研究結果，提出下列建議：

一、對於新聞媒體識讀量表編撰之建議

本研究建構完整之概念架構與理論取向編製出新聞媒體識讀量表，並評估高中生媒體識讀之能力，研究所設計之題目是依據Potter之理論，以及Ashley、Maksl等學者所編製的量表作為研究發展之依據，在分析大量的文獻後，了解新聞識讀相關的問題產生背景與原因，並依據過去的發現提出研究問題與假設，逐漸建立一套中文且具有可靠之信效度的量表。

本設計的過程中界定研究之重點，重視評量探討之變項，有效與可靠性，本量表第一和第二大題，部分參照Potter等學者所設計出之量表外，其餘都是自編題目，題目設計過程中遇到因子差異需要進行重新分析與編組，逐步在個人思考習慣、個人處理新聞模式、新聞媒體理解等都具有符合標準的特徵值、α係數，但此研究仍受到主要數據收集的抽樣策略的限制，量表的預試為學生自主線上填寫、非統一管理的作答，因此量表的回應與結果須保守推論。其次，信效度的結果是台灣高中生，仍須進一步對其他國家其他族群進行擴大分析，應使用並進一步研究大眾的媒體識讀調查。另外，研究也顯示不同背景的學生在新聞識讀能力上表現有所不同，這項發現可以對日後針對不同目標族群在媒體識讀課程給予不同之關注，提供適合的課程訓練，若能針對學生進行評估再推動媒體識讀課程，必能提供了支持媒體素養的重要性，有效幫助理解與詮釋新聞，新聞識讀訓練學生

與民眾批判能力，讓每一個人成為一個獨立思考的個體，避免受到假新聞的傷害。

此外，隨著科技軟體及社群媒體的快速發展普及，媒體識讀已成為世界各國公民教育所需必備的核心能力，而將媒體識讀列為學校核心課程，以及融入藝術教育，提供學生核對表及判斷原則，可供學校教育及教育政策在提升學生媒體素養之參考。

二、對政府打擊假新聞與提升國人媒體識讀能力之建議

假新聞風暴與日俱增，但總體分析，民眾對假新聞的定義卻仍相當模糊，對假新聞的了解程度更是有限度，所以建議政府可以針對現行全球假新聞問題，與國際研究和聯合國教科文組織的定義進行探討與研究，從法規的修正導引出更適合解決棘手問題的法令與政策。

本書認為提升思考與判斷能力，才是防禦虛假消息、惡意消息等假新聞最好的方式，透過情境的新聞閱讀可以培養學生從中分析複雜的問題，主動解釋分析其中的意涵，訓練學生非自動地、一味地接受訊息，不要讓訊息在未經過大腦思考的情況下對自己產生影響，訓練思考的軌跡，將可以作為防禦假新聞的第一個關卡。

此外，應該也要積極了解新聞的處理模式，這部分應培養學生們持續關心一個新聞發展，掌握其過程的變化，學習如何透過不同的新聞管道找尋更多的新聞面向與說法後進行差異化比對，主動判斷與分析客觀的事實，將能找出更客觀

且信賴的訊息等等的習慣。

　　台灣政府推動108課綱科技與媒體素養面向，確實對學生提升新聞識讀能力具有一定的幫助，台灣的學生也在政府頻頻宣導假新聞問題的過程中，間接了解假新聞的嚴重性，但因為提升新聞媒體識讀能力仍需針對媒體知識結構提升，提升情境閱讀機會等訓練，並進行思考習慣、處理新聞模式與新聞情境閱讀之關聯性課程訓練，故提升新聞識讀能力，建議擬編撰一套完整的教育教案，從學校教育辦理新聞識讀教育為根基，進而從對自我的思考、對新聞的產出環境，以及對總體媒體的知識結構著手，以達到教育之效益。而政府若可以積極辦理相關進修課程，教育民眾正確且系統地了解媒體生態與樣貌，民眾將可以了解，為何媒體有特定立場，媒體產出新聞的過程，會受到什麼干擾？記者的訓練模式為何？什麼樣的媒體才值得關注與信賴？

　　本書在分析文獻的過程中尚有不全與不夠了解的地方，而最需要改進的即在評估學生之表現上，雖然分析結果顯示效度、信度的分析結果相當好，但設計之初因為題目的建立多為參照國外，所以光是一個面向的因子對應就反映出很大的問題，後來幾經分析與重新設計，才順利將個人思考習慣這一部分區出訊息自動處理、訊息覺察思考、自我評價三個因子，並經過評量調查後，呈現出相當漂亮的數字。在第二部分個人處理新聞模式方面，也分類出動機、個人掌控、懷疑三個因子，動機的題目適切的設計為「我會因個人責任持續關注某一個新聞」、「我會因為個人利益持續關注某一個

新聞」、「我會因為個人喜好而關注某一個新聞」，利用責任、利益、喜好做為動幾的因素，在「懷疑」的面相上則設計反向題，清楚呈現出測驗結果的一致性。最終本研究雖然受到主要數據收集的抽樣策略的限制，這些數據來自於經過幾個篩選步驟後，被選中參與的學校及其學生的便利樣本。雖然有自願參加的學生，但也有被要求參與的學生；再加上量表的預試為學生自主線上填寫、非統一管理的作答，因此量表的回應與結果須保守推論。此外，信效度的結果是台灣高中生，仍須進一步對其他國家其他族群進行擴大分析，雖然受限上述因素，但總體在因子與題目的對應是極適切的，仍產生極度良好的信、效度及鑑別度。

　　全球青少年的媒體識讀問題嚴重，本書發現在新媒體的數位時代下，假新聞與假訊息操作議題的方式與脈絡越來越純熟，所以新聞識讀能力是否提升得以面對假新聞的衝擊非常值得持續關注，本研究發現高中生雖自認為具有思考與判斷新聞的能力，但實際上對於閱讀新聞的正確判斷能力仍有限，所以真正落實調查與媒體識讀教育的推動顯得更加重要。本書是以新聞目標受眾在閱讀新聞時的思考與分析之自評表現為目標，所設計出的新聞媒體識讀量表，建議後續研究者，可以更深入研究Potter的2004年媒體識讀模型，從中了解Potter分析批判與思考能力的邏輯，以強化量表之題目面向與深度，以進行修正與改進。

　　總而言之，隨著科技軟體及社群媒體的快速發展普及，媒體識讀已成為世界各國公民教育所需必備的核心能力，但

近年來的研究文本多在進行假新聞定義的分析與全球假新聞造成的現象，基於教育以發展教育課程為動機之研究相對較少，而亞洲地區的相關媒體識讀調查，也多為調查使用媒體的狀況，以及自我認知的部分，但評量內容少有完整面向設計，所以最後對未來研究的建議，期能透過大眾對個人思考習慣、媒體知識理解、掌握深入閱讀等問題進行調查、分析等系統性的探究，並以滾動式方式修正調查方式與推動媒體識讀相關課程，以達到提升自我的媒體識讀能力以對抗蔓延全球的假新聞現象。

▌參考文獻

一、中文部分

江宜芷、林子斌、孫宇安（2018）。理解媒體素養：以大學生的批判性消費素養認知為例。教育實踐與研究，107，1-38。

吳翠珍、陳世敏（2007）。媒體素養教育。巨流。

青協媒體輔導中心（2016）。青少年網絡素養問卷調查。「新媒體素養教育研討會」。香港青年協會。

胡元輝（2018）。假新聞爭議──立法管制假新聞？學者胡元輝提出三大原則。台灣事實查核中心。

胡元輝（2020）。對抗假訊息全球媒體素養教育總動員。師友雙月刊，8-13。

國家教育研究院（2019）。議題融入說明手冊。國家教育研究院。

教育部（2002）。媒體素養教育政策白皮書。教育部。

教育部（2013）。教育部人才培育白皮書。教育部。

教育部（2014）。科技資訊與媒體素養。教育部。

陳恆鈞、許曼慧（2015）。台灣技職教育政策變遷因素之探討：漸進轉型觀點。公共行政學報（48），1-42。

陳雅慧（2019）。台灣中學生媒體素養調查。台北。

陳錚詒（2019）。10年來全球經濟最弱時刻，台灣遭下調IMF警告：沒有錯誤空間。https://www.cw.com.tw/article/article.action?id=5097250

曾清芸（2019）。2019青少年媒體素養調查。金車文教基金會。

曾清芸（2020）。2020青少年媒體素養調查。金車文教基金會。

曾筱媛等人（2019）。108年度推動媒體素養之政策研析委託研究採購案，國家傳播通訊委員會。

潘慧玲、張嘉育（2019）。十二年國教課綱中議題教育實施的途徑與作法。學校行政，（123），3-19。

駐德國代表處教育組（2015）。OECD研究報告分析男女生學習成就影響因素。國家教育研究院國際教育訊息電子報，143。

駐澳大利亞代表處教育組（2018）。澳洲中小學從媒體藝術課程中培養學生媒體素養。國家教育研究院國際教育訊息電子報，143。

簡瑋成（2019）。各國培育學生媒體素養之策略。國家教育研究院電子報，10。

羅世宏（2019）。打擊假新聞常有「限制言論自由」爭議，為何德國、法國仍堅持立法？BuzzOrange。

二、英文部分

Adams, D., & Hamm, M. (2001). *Literacy in a multimedia age*. Norwood, MA: Christopher-Gordon Pub.

Akanda, A. M. E. A., & Haque, M. A. (2013). Newspaper reading habits of university graduate students in Bangladesh: A case study. International Journal of Research in Applied, *Natural and Social Sciences,* 1(3), 1-8.

Alasdair Sandford (2018). 80% of people believe fake news 'a problem for democracy - EU study. *euronews.*

Allcott, H., Gentzkow, M., & Yu, C. (2019). Trends in the diffusion of misinformation on social media. *Research & Politics*. https://doi.org/10.1177/2053168019848554

Ashley, S., Maksl, A., & Craft, S. (2013). Developing a news media literacy scale. *Journalism and Mass Communication Educator,* 68(1), 7-21.

Ashley, S., Poepsel, M., & Willis, E. (2010). Media Literacy and News Credibility: Does knowledge of media ownership increase skepticism in news consumers? *Journal of Media Literacy Education,* 2(1), 3.

Batchelder, L., Brosnan, M., & Ashwin, C. (2017). The development and validation of the empathy components questionnaire (ECQ). *PloS one,* 12(1), e0169185.

Bennett, W. L., & Livingston, S. (2018). The disinformation order: Disruptive communication and the decline of democratic institutions. *European journal of communication,* 33(2), 122-139.

Bialik, K., & Matsa, K. E. (2017). Key trends in social and digital news media. Pew research center, 4.

Blackburn, W. R. (2012). *The Sustainability Handbook: The Complete Management Guide to Achieving Social, Economic and Environmental Responsibility.* Routledge.

Buckingham, D. (2016). Defining digital literacy. *Nordic journal of digital literacy,* 21-34.

Buckingham, D. (2019). *The media education manifesto.* John Wiley & Sons.

Christ, W. G. (2004). Assessment, media literacy standards, and higher education. *American Behavioral Scientist,* 48(1), 92-96.

Danescu, E. (2019). Democracy Facing Global Challenges. *Varieties of Democracy (V-DEM) Annual Report 2019.*

David, L., Baum, M., Benkler, Y., Berinsky, A., Greenhill, K., Menczer, F., Rothschild, D. (2018). The. Science of Fake News: Addressing Fake News Requires a Multidisciplinary Effort. *Science*, 359(8), 250.

Dezuanni, M., Notley, T., & Corser, K. (2020). *News literacy and Australian teachers: How news media is taught. in the classroom.* Western Sydney University.

Eliza M. (2019). Finland in Winning the War on Fake news. *CNN.* https://edition.cnn.com

Elle Hunt. (2016).What is fake news? How to spot it and what you can do to stop it. https:www.theguardian.com/media/2016/dec/18/what-is-fake-news-pizzagate.

Emily, W. (2020). Disinformation in Taiwan: International Versus Domestic Perpetrators.

European Commission (2013). 6.8 Media Literacy and safe use of new media. https://national-policies.eacea.ec.europa.eu

Farmer, L. S. (2019). News Literacy and Fake News Curriculum: School Librarians' Perceptions of Pedagogical Practices. *Journal of Media Literacy Education,* 11(3), 1-11.

Fowler-Watt, K., & McDougall, J. (2019). Media literacy versus fake news: fact checking and verification in the era of fake news and post-truths. Journalism Education: *The Journal of the Association for Journalism Education*, 8(1), 59-68.

Frau-Meigs, D. (2017). Developing a critical mind against fake news. *UNESCO Courier*, 2, 12-15.

Grizzle, A., Moore, P., Dezuanni, M., Asthana, S., Wilson, C., Banda, F., & Onumah, C. (2014). Media and information literacy: policy and strategy guidelines. *UNESCO*.

Hameleers, M., Brosius, A., & de Vreese, C. H. (2021). Where's the fake news at? European news consumers' perceptions of misinformation across information sources and topics. *Harvard Kennedy School Misinformation Review*.

Hobbs, R. (2010). Digital and Media Literacy: A Plan of Action. A White Paper on the Digital and Media Literacy Recommendations of the Knight Commission on the Information Needs of Communities in a Democracy: ERIC.

Hobbs, R. (2021). Media literacy in action: Questioning the media: Rowman & Littlefield Publishers.

Hobbs, R., & Frost, R. (2003). Measuring the acquisition of media-literacy skills. *Reading Research Quarterly*, 38(3), 330-355.

Hobbs, R., & Jensen, A. (2009). The past, present, and future of media literacy education. *Journal of Media Literacy Education*, 1(1), 1.

Hoffman, M. L. (1977). Empathy, its development and prosocial implications. Paper presented at the Nebraska symposium on motivation.

Hungerford, H. R., & Volk, T. L. (1990). Changing learner behavior through environmental education. *The Journal of environmental education*, 21(3), 8-21.

Hunt Allcott, Matthew Gentzkow & Chuan Yu. (2018).Trends in the Diffusion of Misinformation on. *Social Media*. econpapers.repec.org

Jones-Jang, S. M., Mortensen, T., & Liu, J. (2021). Does media literacy help identification of fake news? Information literacy helps, but other literacies don't. *American Behavioral Scientist*, 65(2), 371-388.

Kellner, D., & Share, J. (2005). Toward critical media literacy: Core concepts, debates, organizations, and policy. *Discourse: Studies in the cultural politics of education, 26*(3), 369-386.

Kovach, B., & Rosenstiel, T. (2014). *The elements of journalism: What newspeople should know and the public should expect:* Crown.

Kumar Mukesh, Husain Asif. (2019). The challenges of fake news and need of media literacy.

Lianne Chia.(2018). National framework to build information and media Literacy to be launched in 2019. https://www.channelnewsasia.com/news/singapore/framework-build-information- media-Literacy-launched-2019-iswaran-10890438

Luhtala, M., & Whiting, J. (2018). News literacy: The keys to combating fake news: ABC-CLIO.

Mackintosh, E., & Kiernan, E. J. C., Helsinki. (2019). Finland is winning the war on fake news. What it's learned may be crucial to Western democracy. https://edition.cnn.com/interactive/2019/05/europe/finland-fake-news-intl/

Maksl, A., Craft, S., Ashley, S., & Miller, D. (2017). The usefulness of a news media literacy measure in evaluating a news literacy curriculum. *Journalism and Mass Communication Educator, 72*(2), 228-241.

Marin Dell. (2019). Fake News, Alternative Facts, and Disinformation: The Importance of Teaching. Media Literacy to Law Students.

Martin, D., Bélanger, D., Gosselin, P., Brazeau, J., Furgal, C., & Déry, S. (2007). Drinking water and potential threats to human health in Nunavik: adaptation strategies under climate change conditions. Arctic, 60, 195-202.

Mass Communicator: *International Journal of Communication Studies.*

Matthew A. Baum. (2018). The Science of Fake News. *Science, 359*(6380), 1094-1096.

Penick, J. E. (1989). Issues-based education: A need and rationale. *Education and Urban Society, 22*(1), 3-8.

Posetti, J., & Bontcheva, K. (2020). Policy brief 1, DISINFODEMIC: Deciphering COVID-19 disinformation. Retrieved from United Nation Educational, Scientific Cultural Organization: https://en.unesco.org/covid19/disinfodemic/brief1

Potter, W. J. (2004a). Argument for the need for a cognitive theory of media literacy. *American Behavioral Scientist,* 48(2), 266-272.

Potter, W. J. (2004b). *Theory of media literacy: A cognitive approach:* Sage Publications.

Potter, W. J. (2010). The state of media literacy. *Journal of broadcasting and electronic media,* 54(4), 675-696.

Potter, W. J. (2018). *Media literacy.* Sage Publications.

The National Literacy Trust. (2018). *Fake news and critical literacy.* The National Literacy Trust.

Thoman, E., & Jolls, T. (2004). Media literacy-A national priority for a changing world. *American Behavioral Scientist,* 48(1), 18-29.

UNESCO (2018). *Journalism, 'Fake News' & Disinformation:A Handbook for Journalism Education and Training.* www.UNESCO.org

UNESCO. (2018). UENSCO Launch five laws of media and information literacy (MIL). Retrieved from https://blogs.slj.com/neverendingsearch/2017/02/20/unesco-launches-five-laws-of-media-and-information-literacy-mil/

UNITED-NATIONS. (2015). Sustainable Development Goals. Retrieved from https://www.un.org/sustainabledevelopment/

UNITED-NATIONS. (2015b). United Nations Sustainable Development Summit 2015. Retrieved from https://sustainabledevelopment

Vraga, E. K., Tully, M., Kotcher, J. E., Smithson, A.-B., & Broeckelman-Post, M. J. J. o. M. L. E. (2015). A multi-dimensional approach to measuring news media literacy, 7(3), 41-53.

Waisbord, S. (2018). Truth is what happens to news: On journalism, fake news, and post-truth. *Journalism studies,* 19(13), 1866-1878.

Yang, C., Zhou, X., & Zafarani, R. (2021). CHECKED: Chinese COVID-19 fake news dataset. *Social Network Analysis and Mining,* 11(1), 1-8.

Yang, Y., & Hsu, M. (2012). Perception and communication of environmental risk: A case study of situational publics regarding global warming. *Chinese Journal of Communication Research,* 22, 169-210.

Zeidler, D. L., Sadler, T. D., Simmons, M. L., & Howes, E. V. (2005). Beyond STS: A research-based framework for socioscientific issues education. *Science Education,* 89(3), 357-377.

在生活中我們常常透過不同媒體來接收新聞訊息，多元的報導正影響我們對事件的正確判斷與看法。

為了解台灣民眾的新聞媒體識讀能力，幫助我們建立一套適合提升國人新聞媒體識讀的課程，本計畫經過媒體專家的討論後，建立此量表。本量表採匿名方式，量表中所有資料僅做為學術研究用途，不會提供給其他單位；您的填寫不會對您有任何影響，也不會影響他人或本研究對您的看法或想法，敬請安心填答。

您的參與對我們非常重要，衷心期盼您能依照自己的實際想法填寫此量表，圈選最符合您的項目，並懇請完整填答，不要跳題、不要遺漏作答，感謝您的支持與協助！

完成此問卷需花費20分鐘，也再次感謝您撥空填寫這份問卷！

第一部分：基本資料

1. **出生日期：** _____年_____月_____日

2. **性別：** □男　□女　□其他：_____

3. **就讀學校性質：**

    □公立普通高中　□私立普通高中　□公立綜合高中

    □私立綜合高中　□公立高職　　　□私立高職

4. **就讀學校所在縣市：** _____

5. **請選擇三種閱讀新聞的管道來源**

    □紙本報紙　□電視　□新聞網站（中央社、聯合新聞網、中時電子報等）　□社群網站（YouTube、Facebook、Twitter、PTT等）　□廣播電台　□親友　□老師　□搜尋引擎（Yahoo!、Google、MSN等）　□其他：_____

6. **平常接觸新聞的習慣：**

    平均每天花　　　　　　　小時在閱讀新聞

7. **請選擇三種經常閱讀的新聞類型**

    □教育　□政治　□財經　□氣象　□生活

    □健康　□體育　□國際　□娛樂　□科技

    □交通　□論壇　□其他

第二部分：自我評估

一、個人思考習慣

在五等量表中，5代表「非常同意」，1代表「非常不同意」，請告訴我們，你對於下列陳述有多同意或不同意，請圈選之。

	非常同意		沒意見		非常不同意
1. 我不喜歡做太多的思考。	5	4	3	2	1
2. 我會避免陷入需要深層思考的情境中。	5	4	3	2	1
3. 我比較喜歡做一些能挑戰既有思考能力的事情。	5	4	3	2	1
4. 我比較喜歡複雜的問題而不是簡單的問題。	5	4	3	2	1
5. 認真且花時間思考某些事情，無法給我滿足感。	5	4	3	2	1
6. 我會因個人責任持續關注某一新聞。	5	4	3	2	1
7. 我會因個人利益持續關注某一新聞。	5	4	3	2	1
8. 我會因個人喜好持續關注某一新聞。	5	4	3	2	1

9.	我會對正反兩面的立場進行比較。	5	4	3	2	1
10.	我會對看到的新聞半信半疑。	5	4	3	2	1
11.	當我只看到新聞標題，我不會受到新聞標題的影響。	5	4	3	2	1
12.	我覺得新聞標題能表達出新聞內容。	5	4	3	2	1
13.	我會質疑新聞的來源與目的。	5	4	3	2	1
14.	我會主動地思考新聞的真實性	5	4	3	2	1
15.	我會主動地解釋和分析新聞的意涵。	5	4	3	2	1
16.	我認為新聞媒體會完整地陳述事實。	5	4	3	2	1
17.	我認為新聞媒體的報導會精確地描述事件。	5	4	3	2	1
18.	我認為新聞媒體會優先報導獨家新聞。	5	4	3	2	1
19.	我認為新聞媒體的報導會幫助事情變得更容易解決。	5	4	3	2	1

二、個人處理新聞模式

在五等量表中，5代表「非常同意」，1代表「非常不同意」，請告訴我們，你對於下列陳述有多同意或不同意，請圈選之。

	非常同意		沒意見		非常不同意
1. 當我得知被媒體誤導時，我能夠在最短的時間內找到值得信賴的新聞。	5	4	3	2	1
2. 我可以從各類媒體中找到想要知道的新聞。	5	4	3	2	1
3. 若我被新聞媒體誤導，我會認為是自己的問題。	5	4	3	2	1
4. 我認為能影響我對新聞的了解，主要原因在於自己是否具有相關知識。	5	4	3	2	1
5. 我覺得當我努力搜尋不同的新聞來源，能避免被單一媒體誤導。	5	4	3	2	1
6. 我認為只要採取適當而正確的方式，就能持續了解新聞事件的發展。	5	4	3	2	1
7. 當我搜尋到我要的新聞後，會進一步在其他網站找相關的新聞。	5	4	3	2	1
8. 我會比較不同的新聞媒體所報導的同一件新聞事件。	5	4	3	2	1
9. 我認為新聞媒體訪問專家學者的資訊就是正確的。	5	4	3	2	1

10.	我心目中已有較為公正客觀的新聞媒體。	5	4	3	2	1
11.	我會用自己的理解來判斷一件新聞的正確與否。	5	4	3	2	1
12.	我能判斷新聞媒體的報導是在客觀陳述事實或是主觀傳達媒體本身的觀點。	5	4	3	2	1
13.	我能根據新聞媒體的報導內容來瞭解該媒體是否具有特定的政黨傾向。	5	4	3	2	1
14.	我能依據新聞內容來判定該媒體是否支持特定議題。	5	4	3	2	1
15.	我認為新聞對他人的影響勝過對自己的影響。	5	4	3	2	1
16.	如果一件新聞獲得廣泛的報導，我傾向認為這則新聞相當重要。	5	4	3	2	1
17.	我認為台灣新聞媒體的報導可信度高。	5	4	3	2	1

三、媒體知識結構

在每題中，請從（A）、（B）、（C）、（D）、（E）或（F）選項中，挑出一個最適當的選項。

（ ）1. 台灣絕大多數的媒體都是哪種類型媒體？

（A）商業媒體

（B）公共媒體

（C）政府官媒

（D）不知道

（　）2. 如果你想成為一名新聞記者，需要從哪個單位取得
證照？

（A）NCC國家傳播通訊委員會

（B）中華民國記者協會

（C）各大新聞台

（D）擔任記者不需要取得證照

（E）不知道

（　）3. 國內哪個單位具有裁處違法節目的責任？

（A）國家傳播通訊委員會NCC

（B）文化部影視及流行音樂發展司

（C）各縣市教育局

（D）警政署

（E）立法院

（　）4. 國內有線電視台眾多，有線系統經營者提供之公用頻
道不得有下列哪種行為？

（A）播送受政府委託但未揭露政府出資、製作、贊
助或補助訊息之節目

（B）播送由政府出資、製作或贊助以擬參選人為題
材之節目或廣告

（C）播送受政府委託為置入性行銷之節目

（D）播送商業廣告

（E）以上皆是

（　）5. 下列哪一個網站所呈現的新聞是來自於自己的新聞記者，而非小編？

（A）Google

（B）udn聯合新聞網

（C）Yahoo!

（D）Twitter

（E）以上皆無

（　）6. 決定電視新聞台的新聞內容播出，誰具有最大的影響力？

（A）記者個人

（B）新聞收視者

（C）導播

（D）製作人

（E）不知道

（　）7. 台灣是個新聞自由的國家，下者何者不屬於新聞自由的範疇？

（A）播出前不受政府干預

（B）播放特定政黨傾向的內容

（C）批判當權執政者

（D）名嘴談論個人隱私

（E）不知道

（　）8. 對於新聞所謂不夠客觀的批評，主要的意思是什麼？

（A）記者僅提供事件的事實

（B）記者在報導中摻雜個人的意見

（C）記者的報導太倚賴中立者的意見

（D）記者沒有抓到事件的緣由

（E）不知道

（　）9. 一般而言台灣新聞媒體的主要收益來源為何？

（A）廣告

（B）有線電視頻道月租費

（C）訂閱費用

（D）政府補助

（E）不知道

（　）10.何謂記者的職責？

（A）求證消息的真實性

（B）站在民眾的立場監督政府

（C）挖掘人情趣味性的新聞

（D）必須獨立於報導對象

（E）以上皆是

（　）11.一則新聞的真實性，下列何者並非參考的重要依據？

（A）內容是否有權威專家的說法

（B）新聞是否採訪到當事人與相關人士

（C）不具名的內幕消息

（D）內容是否清楚描述發生過程與地點

（E）不知道

（　）12.何謂不實新聞訊息？

（A）負面且具攻擊性的報導

（B）未經查證的報導

（C）包裝為新聞型態的廣告

（D）刻意渲染、誤導大眾的報導

（E）以上皆是

（　）13.你認為判斷不實新聞的方法為：

（Ａ）思考消息來源的可靠性

（Ｂ）確認作者

（Ｃ）詢問專家

（Ｄ）判斷新聞是否帶有偏見

（Ｅ）以上皆是

第三部分：新聞情境閱讀

一、新聞一

比變種病毒更嚴重的大流行病正在來襲
面對大浩劫人類只能束手無策面對死亡

　　根據世界衛生組織統計數字顯示，新型冠狀病毒疫情至今全球通報超過175萬人病亡，確診病例超過8000萬例。世界衛生組織祕書長譚德塞表示，新型冠狀病毒危機不會是最後一場大流行（pandemic）。

　　專家指出COVID-19疫苗的上市仍無法阻擋英國變種病毒以及更大的流行病來襲，目前除了英國變種病毒的來襲，預計將出現比COVID-19變種病毒更嚴重，且更容易致死的流行性疾病，人類根本束手無策，譚德塞為「國際流行病防範日」（International Day of Epidemic Preparedness）發言指出，「全球尚未對下一個大流行預做準備，歷史告訴我們，這次大流行不會是最後一個，傳染病（epidemic）是無法改變的事實。」

　　公衛專家指出，因應英國新變種病毒來勢洶洶，亞洲香港、日本、新加坡、甚至南韓都相繼出現病例，日本更採取鎖國因應，但儘管於此，根據世界衛生組織祕書長與執行

計畫主任發言，且公衛專家也指出，2021人類即將面臨更嚴重的浩劫，未來大流行病的病毒將超越COVID-19以及英國變種病毒，傳播會更加迅速、致死率更高，恐釀成更大的傷害，人類只能束手無策繼續鎖國、面對死亡。

改寫自：

中央社
武漢肺炎全球逾7,975萬例確診超過175萬人病歿
https://www.cna.com.tw/news/aopl/202012260213.aspx

中央社
世衛：往後仍會爆疫情世人當牢記COVID-19教訓
https://www.cna.com.tw/news/aopl/202012270031.aspx

1. 請問你覺得這則新聞的標題是否能完全表達新聞內容？

　　（A）可以完全表達新聞內容（請接續題3）

　　（B）不能完全表達新聞內容（請接續題2）

2. 請問你認為是什麼原因使標題未能完整表達新聞內容？

　　（A）標題過於聳動

　　（B）標題所述過於細節

　　（C）標題和內文完全不符合

　　（D）標題所述內容只占文章的一小部分

3. 請問你覺得這則新聞的內容是否具有可信度？

　　（A）新聞內容具有可信度（請接續題4）

　　（B）新聞內容不完全具有可信度（請接續題5）

4. 請問你覺得為什麼此篇新聞具有可信度？（本題作答後請接續題6）

　　（A）有提出相關背景專家背書

　　（B）內容精確地描述整個事情

　　（C）因為此新聞被廣泛地報導

　　（D）內容有很嚴謹的邏輯推論

5. 請問你覺得為什麼此篇新聞**不完全**具有可信度？（本題作答後請接續題6）

　　（A）內容過度誇大

　　（B）沒有給出明確數據來源

　　（C）不知道是否有其他說法

　　（D）不知道相關專家的可靠性

6. 請問你覺得這則新聞要傳達的主要內容是什麼？

　　（A）已經出現比COVID-19及變種病毒更嚴重的流行病

　　（B）說明新的英國變種病毒目前的相關資訊及傳染問題

　　（C）提醒民眾未來可能出現比現在更嚴重的流行性疾病

　　（D）全世界正在面臨鎖國才能抵抗病毒傳播的嚴重情況

二、新聞二

彩色口罩恐含「致癌染料」抽驗違者重罰200萬

疫情期間民眾戴口罩，追求時尚感，很多人都要特殊色或圖案，但如果購買不合格口罩，上頭染料可能會致癌，製作彩色口罩所用的偶氮類染劑，代謝物質芳香胺，被證實會增加膀胱癌風險，對此食藥署和經濟部都要抽查，違規廠商最高可罰200萬。

這些假冒台灣製口罩，先前被檢警查扣，除了常見的水藍色，還有黑色橘色紫色綠色等相當鮮豔，吸引不少民眾搶買，口罩產地來自越南和大陸，還有豹紋和特殊圖案，只是這些口罩，沒經過醫療級認證，使用的原料也可能有疑慮，尤其染料如果是偶氮類物質，每天長時間配戴恐會致癌。

林口長庚醫院臨床毒物中心主任顏宗海：「我們在戴口罩的時候，手不小心碰到這個口罩的外層有顏色的，沒有洗手拿東西就把它吃進去，也擔心在使用當中有一些唾液和汗水，有沒有可能滲透進去。」偶氮染料的代謝物，叫做芳香胺，過去在動物實驗中，被證實會增加罹患膀胱癌的風險，對此食藥署表示，目前有22項偶氮類染劑，不得用於口罩外層紡織布，但過去醫用口罩，只查驗功能品質，對顏色管制沒有規範，就怕對人體有害，指揮中心也說會請相關單位抽查。疫情指揮中心發言人莊人祥：「一般的口罩是歸經濟部

這邊管,那醫療口罩當然是由食藥署這邊管,他們都會去購買採樣。」

　　經濟部標準檢驗局,要查有色口罩,預計1/4抽檢70件,包括網路平台實體店面和市場等,最快兩周內公布結果,如果口罩製造商,被查到原料用有害物質,標檢局可以依消保法,開罰最高150萬,食藥署則可依藥事法,最高罰200萬,提醒民眾追求時尚口罩,避免買散裝,和個人賣家管道,才能多一分保障。

來源:

TVBS　彩色口罩恐含「致癌染料」　抽驗違者重罰200萬
news.tvbs.com.tw/life/1442989?from=Copy_content

1. 請問你覺得這則新聞的標題是否能表達新聞內容？

   （A）可以完全表達新聞內容（請接續題3）

   （B）不能完全表達新聞內容（請接續題2）

2. 請問你認為是什麼原因使標題未能完整表達新聞內容？

   （A）標題過於聳動

   （B）標題所述過於細節

   （C）標題和內文完全不符合

   （D）標題所述內容只占文章的一小部分

3. 請問你是否會想要主動追蹤這個新聞的後續結果？

   （A）是（請接續題4）

   （B）否（請接續題5）

4. 請問你為什麼會想主動追蹤這個新聞的後續結果？（本題作答後請接續6）

   （A）因為本身就會使用彩色口罩

   （B）因為有義務知道結果並闢謠

   （C）因為對此知識不熟悉想了解

   （D）因為想知道事件的完整始末

5. 請問你為什麼不會想主動追蹤這個新聞的後續結果？（本題作答後請接續6）

   （A）因為本身不會使用彩色口罩

   （B）因為不懂相關知識無法判斷

   （C）因為我認為事情沒那麼嚴重

   （D）因為很嚴重就會有別的報導

6. 請問你覺得這則新聞要傳達的主要內容是什麼？

（A）彩色口罩上的染料原料會致癌

（B）有些不合格口罩可能會有問題

（C）已經檢查出多款不合格的口罩

（D）之後的彩色口罩會做顏色管制

致謝

東海大學校長張國恩講座教授（前國立臺灣師範大學校長）

金仁寶集團許勝雄董事長

泰國格樂大學教育系謝宗順教授

國立臺北教育大學自然科學教育學系鄭秉漢教授

國立臺灣師範大學劉美慧教務長

國立臺灣師範大學林子斌副教務長

公廣集團董事長、中正大學傳播系胡元輝教授

承德油脂股份有限公司李義發董事長

香港田家炳基金會戴大為總幹事

新·座標37　PF0320

新銳文創
INDEPENDENT & UNIQUE

假新聞下的媒體認知理論
與新聞媒體識讀研究

作　　者	黃兆璽
責任編輯	尹懷君
圖文排版	黃莉珊
封面設計	許和捷、蔡瑋筠

出版策劃	新銳文創
發 行 人	宋政坤
法律顧問	毛國樑　律師
製作發行	秀威資訊科技股份有限公司
	114 台北市內湖區瑞光路76巷65號1樓
	電話：+886-2-2796-3638　傳真：+886-2-2796-1377
	服務信箱：service@showwe.com.tw
	http://www.showwe.com.tw
郵政劃撥	19563868　戶名：秀威資訊科技股份有限公司
展售門市	國家書店【松江門市】
	104 台北市中山區松江路209號1樓
	電話：+886-2-2518-0207　傳真：+886-2-2518-0778
網路訂購	秀威網路書店：https://store.showwe.tw
	國家網路書店：https://www.govbooks.com.tw

出版日期	2022年7月　BOD一版
定　　價	260元

讀者回函卡

國家圖書館出版品預行編目

假新聞下的媒體認知理論與新聞媒體識讀研究 / 黃
兆璽著. -- 一版. -- 臺北市 : 新鋭文創, 2022.07
　　面；　公分. -- (新.座標；37)
　BOD版
　ISBN 978-626-7128-13-8(平裝)

1.CST: 新聞學 2.CST: 大眾傳播
3.CST: 傳播研究

541.83   111006561